*Para*

*com votos de paz.*

# ALVARO CHRISPINO

# FAMÍLIA(S):
## UMA VISÃO ESPÍRITA SOBRE OS NOVOS ARRANJOS E AS VELHAS BUSCAS

Salvador
1. ed. – 2017

©(2017) Centro Espírita Caminho da Redenção – Salvador, BA.
1. ed. – 2017
3.000 exemplares

Revisão: Lívia Maria Costa Sousa
Adriano Mota Ferreira
Editoração eletrônica: Marcus Falcão
Capa: Cláudio Urpia
Coordenação editorial: Lívia Maria Costa Sousa
Produção gráfica:
LIVRARIA ESPÍRITA ALVORADA EDITORA
Telefone: (71) 3409-8312/13 – Salvador (BA)
Homepage: <www.mansaodocaminho.com.br>
E-mail: <leal@mansaodocaminho.com.br>

Dados Internacionais de Catalogação na Publicação (CIP)
(Catalogação na fonte)
Biblioteca Joanna de Ângelis

|  |  |
|---|---|
| C554 | CHRISPINO, Alvaro.<br>*Família(s): uma visão espírita sobre os novos arranjos e as velhas buscas.* 1. ed. / Alvaro Chrispino. Salvador: LEAL, 2017.<br>184 p.<br>ISBN: 978-85-8266-180-2<br>1. Espiritismo 2. Família 3. Franco, Divaldo<br>I. Chrispino, Alvaro II. Título<br>CDD: 133.90 |

DIREITOS RESERVADOS: todos os direitos de reprodução, cópia, comunicação ao público e exploração econômica desta obra estão reservados, única e exclusivamente, para o Centro Espírita Caminho da Redenção. Proibida a sua reprodução parcial ou total, por qualquer meio, sem expressa autorização, nos termos da Lei 9.610/98.

Impresso no Brasil
Presita en Brazilo

# SUMÁRIO

INTRODUÇÃO 7

CAPÍTULO 1 – A GRANDE E A PEQUENA FAMÍLIA:
*QUEM É MINHA MÃE E QUEM SÃO MEUS IRMÃOS?* 11

1.1 Observação introdutória 11
1.2 O Evangelho de Marcos (3:31-35) 14
1.3 O Evangelho de Mateus (12:46-50) 21
1.4 O Evangelho de Lucas (8:19-21) 23
1.5 Outras interpretações sobre a família de Jesus: a
existência de Tiago, irmão do Senhor, ou Tiago, o Justo 25
1.6 O que podemos aprender com essa passagem? 29

CAPÍTULO 2 – A FAMÍLIA CONTEMPORÂNEA E SEUS
NOVOS ARRANJOS 33

2.1 Esforço de conceito 33
2.1.1 A visão jurídica 40
2.1.2 A visão social 44
2.2 Conhecendo os membros dos arranjos familiares 46
2.2.1 Os pais 52
2.2.2 Os filhos 56
2.2.3 Irmãos entre si 59
2.3 Os arranjos familiares em construção 60
2.3.1 Famílias: urbanização e modernização 64
2.3.2 Famílias nucleares e a busca da individualização 67

| 2.3.3 Famílias recompostas e o divórcio | 71 |
| 2.3.4 Famílias monoparentais e a solidão | 78 |
| 2.4 O ensino dos Espíritos em face dos fatos | 84 |

**CAPÍTULO 3 – AS VELHAS BUSCAS E O CASAMENTO
CONTEMPORÂNEO: TRÊS DIMENSÕES DE ANÁLISE** — 93

| 3.1 Dimensão da Sexualidade | 100 |
| 3.1.1 Iniciação sexual | 105 |
| 3.1.2 Educação sexual | 107 |
| 3.1.3 Sobre a rotina e a dinâmica sexuais | 108 |
| 3.1.4 Um esforço de síntese: a visão dos Espíritos | 114 |
| 3.2 Dimensão do Companheirismo | 118 |
| 3.2.1 Emancipação feminina | 124 |
| 3.2.2 Desafios da paternidade | 129 |
| 3.2.3 Impactos da tecnologia | 133 |
| 3.2.4 Um esforço de síntese: a visão dos Espíritos | 140 |
| 3.3 Dimensão da Afetividade | 141 |
| 3.3.1 Idealização | 143 |
| 3.3.2 Amor-paixão e amor-companheiro | 144 |
| 3.3.3 Afetividade | 148 |
| 3.3.4 Longevidade ou o tempo que temos para aprender a amar | 152 |
| 3.3.5 Um esforço de síntese: a visão dos Espíritos | 159 |

**CAPÍTULO 4 – UMA CONCLUSÃO VOLTADA PARA O FUTURO** — 163

**REFERÊNCIAS** — 171

# Introdução

*Somente reduzido número de pessoas se prepara, convenientemente, antes de intentar o consórcio matrimonial; a ausência deste cuidado, quase sempre, ocasiona o desastre imediato de consequências lamentáveis.*

Joanna de Ângelis (2016, p. 39)

A *frase em epígrafe da benfeitora Joanna de Ângelis é a condutora desta obra. Ali percebemos que não somos, em geral, educados para a construção da família. Diríamos inclusive que não estamos instrumentalizados para a vida em parceria com outrem, como parceiros afetivos ou conjugais.*

*Logo, a proposta a ser perseguida aqui é buscar estruturar caminhos de reflexão – e não de normatização – sobre a família e as parcerias afetivas. Para tal, buscamos em* O Novo Testamento *uma passagem que, após estudo mais aprofundado, permite identificar o que Jesus indica como essencial e secundário na construção das famílias (no plural mesmo!). Após isso, desvelamos este tema por meio da visão apresentada pelos Espíritos superiores na Codificação Espírita e obras subsequentes, consolidando a proposta de família física e de família espiritual.*

*A estratégia da obra contempla a identificação de textos de reflexão contidos nas contribuições da benfeitora Joanna de Ângelis, especialmente naquelas em que desvela a Mensagem da Boa-nova sob as luzes da Psicologia Profunda.*

*Nossa contribuição está em oferecer uma ponte entre os estudos do Evangelho, a Codificação, as análises da benfeitora e o mundo contemporâneo, representado nesta obra pelas pesquisas sobre famílias e conjugalidade, obtidas em produtivos grupos de pesquisa e reconhecidos autores das áreas chamadas sociais e humanas, bem como das intituladas exatas e da natureza. Essa escolha, dada a vastidão de fontes, é desde já assumida como escolha intencional, a fim de alcançar os objetivos aqui propostos.*

*Apresentamos as pesquisas, estudos e posições contemporâneas e os iluminamos com a visão espírita a partir de seus pressupostos básicos. Com isso, pretendemos oferecer ao leitor subsídios para, em vivendo no mundo representado pelas pesquisas, valer-se dos conhecimentos do Evangelho e do Espiritismo para melhor interagir e melhor decidir sobre sua própria vida e de seus parceiros – e aqui não falamos apenas da vida física, mas, principalmente, da Vida imortal, onde está contida a atual existência corporal.*

*Assim procedendo, o leitor poderá cumprir um programa de autoeducação para o exercício da parceria afetiva e da construção da família em qualquer um dos arranjos que esta se apresente.*

*Ao final, esperamos que o leitor trace seu programa de crescimento pessoal na direção do que acredita verdadeiro e efetivo para lograr a felicidade.*

*Que esta obra, que deve concitar-nos a todos ao programa de crescimento pessoal a fim de aproveitarmos a existência atual, consolide a certeza de que o Amar e o Amor podem ser aprendidos.*

*Aprendamos a amar o mais rápido e eficazmente possível, de modo a melhor aproveitarmos o tempo, pois o tempo não volta! Quanto mais rápido despertarmos para essa realidade, mais tempo teremos vivendo a construção da felicidade e da paz, o que já é viver, dentro do possível, a Felicidade e a Paz.*

ALVARO CHRISPINO

Rio de Janeiro, junho de 2017.

# 1

# A GRANDE E A PEQUENA FAMÍLIA: QUEM É MINHA MÃE E QUEM SÃO MEUS IRMÃOS?

## 1.1 Observação introdutória

Allan Kardec, na Introdução de *O Evangelho segundo o Espiritismo*, explica o que o orientou na escolha das passagens evangélicas que são apresentadas sob a ótica da Doutrina Espírita. Ali, o codificador explicita uma categorização importante que iremos rememorar a fim de orientar nosso estudo sobre a passagem a "Família de Jesus".
Escreve Kardec:

> Podem dividir-se em cinco partes as matérias contidas nos Evangelhos: os atos comuns da vida do Cristo; os milagres; as predições; as palavras que foram tomadas pela Igreja para fundamento de seus dogmas; e o ensino moral. As quatro primeiras têm sido objeto de controvérsias; a última, porém, conservou-se constantemente intacável. Diante desse código divino, a própria incredulidade se curva. É terreno onde todos os cultos podem reunir-se, estandarte sob o qual podem todos colocar-se, quaisquer que sejam suas crenças, *porquanto jamais ele constituiu matéria das disputas religiosas, que sempre e por toda a parte se originaram das questões dogmáticas. Aliás, se o discutissem, nele teriam as seitas encontrado*

> *sua própria condenação, visto que, na maioria, elas se agarram mais à parte mística do que à parte moral, que exige de cada um a reforma de si mesmo.* Para os homens, em particular, constitui aquele código uma regra de proceder que abrange todas as circunstâncias da vida privada e da vida pública, o princípio básico de todas as relações sociais que se fundam na mais rigorosa justiça. Finalmente e acima de tudo, o roteiro infalível para a felicidade vindoura, o levantamento de uma ponta do véu que nos oculta a vida futura. Essa parte é a que será objeto exclusivo desta obra. (Grifos nossos.)

O estudo deste tema é bastante complexo e, por isso, deve ser visto por aquela ótica apresentada por Kardec: o ensino moral, e não o valor estreito da letra. Isto porque, dizer que Jesus possuía irmãos e irmãs como se apresenta é, pelo menos:

- Admitir que Maria, sua mãe, e José, seu pai, tiveram outros filhos.

- Admitir que o termo utilizado para designar irmãos e irmãs seria semelhante ao que temos hoje para primos e primas.

- Admitir que havia por detrás do ensino alguma mensagem maior que não o questionamento puro e simples sobre a dúvida de quem seja sua mãe e irmãos biológicos.

Precisamos, pois, transitar com cautela nesses assuntos, visto que buscamos estudar as possibilidades de aprendizagem sem o propósito de concordar com uma ou com outra tese que se apoie na letra, na tradição ou na memória social, tirando nossa atenção da mensagem iluminativa que sempre existe nas passagens do Cristo. Move-nos a busca pelo conhecimento que nos ajuda a melhor entender o contexto em que viveu Jesus e como isso nos auxilia a melhor entender e melhor viver a Mensagem do Evangelho dirigida a um tema que toca a todos nós: a família.

Essa passagem é citada pelos três evangelistas – Mateus, Marcos e Lucas – com pequenas, mas importantes diferenças. Apesar dessa passagem não estar explicitamente citada no Evangelho de João, é possível também relacionar a essência dela com João, 7:5 ("Porque nem mesmo seus irmãos criam nele"), contido no bloco intitulado "A incredulidade dos irmãos de Jesus". Não trataremos dessa passagem por não representar o episódio específico em estudo.

Os três evangelistas escrevem sobre essa passagem em ordem diferente:

Quadro com sequência de passagens nos três Evangelhos sinópticos

| Evangelho de Mateus | Evangelho de Marcos | Evangelho de Lucas |
|---|---|---|
| Jesus é Senhor do sábado | Jesus é Senhor do sábado | A Parábola do Semeador |
| A cura de um homem que tinha uma mão atrofiada | A cura de um homem que tinha uma mão atrofiada | A Parábola da Candeia |
| A blasfêmia dos fariseus | A eleição dos 12 | **A Família de Jesus** |
| Árvores e seus frutos | A blasfêmia dos escribas | Jesus acalma a tempestade |
| O sinal do profeta Jonas | **A Família de Jesus** | |
| **A Família de Jesus** | A Parábola do Semeador | |
| A Parábola do Semeador | | |

Fonte: o autor.

Vamos estudar cada um dos três evangelistas para, depois, refletirmos sobre a mensagem do texto.

## 1.2 O Evangelho de Marcos (3:31-35)

Para melhor entender o que nos escreve Marcos – o mais detalhado dos três evangelistas que tocam neste episódio –, é importante contextualizar o ocorrido. Neste capítulo, após se referir à eleição dos doze (v.13--19), ele faz referência a três grupos e três reações:

**1.** Os seus amigos que diziam "está fora de si" (v. 21):
- 3:20 – Depois entrou numa casa. E afluiu outra vez a multidão, de tal modo que nem podiam comer. 21 Quando os seus ouviram isso, saíram para o prender; porque diziam: *Está fora de si.*

**2.** Os escribas que diziam "está possesso por Belzebu" (v.22):
- 3:22 – E os escribas que tinham descido de Jerusalém diziam: Ele está possesso de Belzebu; É pelo príncipe dos demônios que expulsa os demônios.

**3.** E os seus irmãos e a sua mãe que, "estando fora, mandaram-no chamar":
- 3:31 – Chegaram então sua mãe e seus irmãos e, ficando da parte de fora, mandaram chamá-lo.

Apresentado o contexto provável para o texto do Evangelista Marcos, como defende Pohl (1998), podemos lançar mão do que informa Broadman/Marcos (1986):

> Marcos colocou aqui a história de Jesus e sua verdadeira família devido às acusações que citara no versículo 21, e é bem apropriada para a sua mensagem. Ao concluir a resposta de Jesus às acusações feitas contra ele, Marcos queria, corretamente, enfatizar, para os seus leitores, a divina filiação de Jesus e a natureza da verdadeira irmandade que está na própria essência do discipulado. [...]
> Os membros da família de Jesus mandaram chamá-lo. Estas palavras significam que eles pediram para ver e falar com Jesus.

O arranjo que Marcos fez ligou o pedido deles com o temor cheio de preocupação dos "seus" amigos de que ele estivesse "fora de si". A multidão que estava ao redor de Jesus aparentemente incluía os seus discípulos, mas pode ter abrangido muito bem muitas pessoas apenas curiosas. Podemos presumir que não temos aqui um relato completo do que aconteceu. *Não há razão para supor, por exemplo, que Jesus se recusou a ver os seus parentes consanguíneos.* A mensagem que os cristãos da era apostólica em geral e os leitores de Marcos em particular precisavam ouvir não se relacionava com o que Jesus disse à sua mãe e a seus irmãos, mas com a pergunta e a resposta que Marcos registrou nos versículos 34 e seguinte. (Grifos nossos.)

Rienecker (1998), ao estudar o Evangelho de Mateus, refere-se ao evangelista Marcos e escreve que:

Desconheceríamos o verdadeiro objetivo dessa visita, se o relato de Marcos, neste como em diversos outros casos, não complementasse o relato dos demais sinóticos. De acordo com Marcos, havia chegado até os irmãos de Jesus o boato de que ele estaria num estado de perturbação próximo da demência. Era o eco da acusação dos fariseus (v. 24): "Ele expulsa os demônios através de Belzebu". Por isso seus irmãos vieram com o objetivo de levá-lo para casa (Mc, 3.21). Também no evangelista João observamos que, naquele tempo, os irmãos de Jesus assumiram, como em Marcos, uma atitude de dúvida e mesmo hostilidade perante Jesus. Em parte alguma é dito que Maria compartilhava a opinião de seus filhos. Porém é possível que ela previa um acontecimento desagradável entre eles em público e por isso desejava que pudesse minimizá-lo e talvez até evitá-lo.

O Comentário Broadman/Lucas (1987) chama a atenção para a diferença de contexto entre Marcos e Lucas. Lucas (8:19-21), diferentemente de Marcos, coloca a passagem logo após o episódio em que Jesus é rejeitado em Nazaré pelo seu próprio povo. Há aí um ensinamento! O texto é:

Este episódio foi tirado do seu contexto em Marcos (3:31-35) e inserido, por Lucas, neste ponto. Por que ele o tirou da ordem em que estava? Conzelmann (p. 48 e ss.; veja também a p. 34 e s.) sugere que ele é colocado aqui como ilustração do verso 18. Jesus aparecera em Nazaré e fora rejeitado pelo seu próprio povo. Como resultado disso, Cafarnaum havia-se tornado o centro de suas atividades. Agora, de acordo com Conzelmann, os parentes de Jesus tinham vindo para levá-lo de volta a Nazaré. *Ver-te* é interpretado como significando que eles queriam vê-lo realizar milagres ali (veja sobre em 23:8). Mas o resultado da sua rejeição é que os parentes e conterrâneos de Jesus haviam perdido a oportunidade que fora deles. Por outro lado, os que têm atendido a Jesus têm oportunidades adicionais, que a sua presença contínua propicia.

## Morris (2000), estudando Lucas, escreve:

Os demais Sinotistas colocam este pequeno evento antes da parábola do semeador (embora nenhum deles diga explicitamente que a precedia cronologicamente). Não é improvável que Lucas o tenha colocado aqui por causa da maneira de ele ilustrar as parábolas.

Por fim, ainda na tarefa de ilustrar o contexto em que o episódio de Marcos se dá e a sua função esclarecedora sobre os dois outros relatos de Mateus e Lucas, lembramos Rienecker (2005), estudando Lucas:

Em Marcos podemos depreender o verdadeiro motivo por trás da visita dos familiares próximos a Jesus. Havia chegado aos ouvidos dos parentes o rumor de que Jesus estaria "fora de si" (Marcos, 3:21). De acordo com Mateus 12:24-26, isso era uma consequência da declaração dos fariseus de que Jesus expelia demônios através de Belzebu. Por isso os irmãos de Jesus queriam apoderar-se dele (Marcos, 3:21). Talvez tenha sido também essa a causa que os levou a querer ver Jesus (cf. João, 7:4s).

Neste ponto, parece-nos indispensável diferenciar a posição dos irmãos e irmãs de Jesus da posição de Maria, Sua mãe. Para nós, Maria, que conhecia a história de Jesus desde antes, entendia sim a essência de Sua Mensagem, podendo ter amadurecido esse entendimento ao longo do período de pregação. Essa diferença entre Maria e os outros membros da família está também em Rienecker (2005), quando escreve: "No entanto, em lugar algum é dito que Maria, sua mãe, partilhava da opinião de seus filhos". Acompanhamos este autor.

## A Família de Jesus

> 31 Chegaram então sua mãe e seus irmãos e, ficando da parte de fora, mandaram chamá-lo.
>
> 32 E a multidão estava sentada ao redor dele, e disseram-lhe: Eis que tua mãe e teus irmãos estão lá fora e te procuram.
>
> 33 Respondeu-lhes Jesus, dizendo: Quem é minha mãe e meus irmãos?
>
> 34 E olhando em redor para os que estavam sentados à roda de si, disse: Eis aqui minha mãe e meus irmãos.
>
> 35 Pois aquele que fizer a vontade de Deus, esse é meu irmão, irmã e mãe.

## 31 Chegaram então sua mãe e seus irmãos e, ficando da parte de fora, mandaram chamá-lo

O trecho em análise possuiu 5 versículos e todos eles possuem a expressão "sua mãe e seus irmãos" (algumas traduções invertem a ordem, mas mantém os atores da expressão). Isto é, a expressão aparece cinco vezes nos cinco versículos, deixando claro que ela domina o texto. Pohl (1998) chama a atenção para a diferença entre esse versículo e Atos, 1:14.

- Em Atos, Maria e os irmãos de Jesus são também citados, mas eles "estão dentro". Em Marcos, os dois grupos estão "fora". Os fariseus deixaram sua proximidade e saíram, e os parentes se negaram a entrar.

- Outra importante diferença é que, em Atos, eles estão dentro porque já se sentiam – ou mesmo já faziam parte – da família espiritual.

Para Broadman/Marcos (1986), fica patente que os irmãos e sua mãe não quiseram entrar, e não é razoável pensar que Jesus se negava a receber seus parentes consanguíneos. Mulholland (2005) reforça essas interpretações e chama a atenção para o fato de que

> a mãe e os irmãos de Jesus estão separados dele de duas maneiras. Fisicamente, eles estão do lado de fora, não fazendo nenhum esforço para entrar na casa onde Jesus está. Eles enviam um recado para Jesus, provavelmente para repreendê-lo (como em 3:21). Nesse ponto, eles também são "de fora", pois não compreendem quem Jesus é.

Assim como os demais estudiosos, ele ressalta a diferença entre esta passagem e aquela retratada nos Atos dos Apóstolos, assinalando que *O Novo Testamento* não registra quando efetivamente Maria (e também a família) passa a compreender a missão de Jesus. Escreve ele:

> Maria, a mãe de Jesus, não tem um papel muito importante no evangelho de Marcos: ela é mencionada apenas aqui e em 6:3. Durante os três anos de ministério, os próprios irmãos de Jesus não creem nele (João, 7:1-5). A presença de Maria na crucificação é mencionada em João (19:25-27), sem esclarecer qual era então o entendimento dela. *O Novo Testamento* não menciona quando ela mudou. Após a ressurreição, entretanto, Maria e os irmãos de Jesus juntam-se aos outros em oração (Atos 1:14); e seu irmão Tiago torna-se líder na Igreja primitiva (1 Coríntios, 15:7; Gálatas, 1:19 e 2:9).

**32 E a multidão estava sentada ao redor dele, e disseram-lhe: Eis que tua mãe e teus irmãos estão lá fora e te procuram.**

O primeiro ponto a ser realçado aqui é a posição daqueles que ouviam Jesus: abaixados aos pés, na posição de discípulos, como quem busca aprender. O segundo ponto que nos levanta questão é: por que eles não entraram? Mesmo com o local cheio de pessoas interessadas na mensagem, se estavam assentadas, seria fácil para a família de Jesus ser percebida e dirigir-se diretamente a Ele. O terceiro ponto a ser discutido é a lealdade ao clã. Para os orientais, os vínculos familiares são marcas da autoridade... O chamado da família era o chamado da autoridade de acordo com os costumes da época (MULHOLLAND, 2005; POHL, 1998).

**33 Respondeu-lhes Jesus, dizendo: Quem é minha mãe e meus irmãos?**

Aqui Jesus rompe com a cultura e a tradição da época e apresenta uma importante questão: quem é minha mãe e quem são meus irmãos?

É certo que Jesus não tinha a intenção de menosprezar a família. Muito menos negar o que todos conheciam. Seu propósito, mais uma vez, era trazer uma nova maneira de ver o Reino de Deus, de ampliar horizontes, de fortalecer laços espirituais.

Essa é mais uma daquelas perguntas espetaculares que caracterizam o ensino de Jesus. Ele prepara a multidão para que entendam mais plenamente a resposta que vem a seguir.

**34 E olhando em redor para os que estavam sentados à roda de si, disse: "Eis aqui minha mãe e meus irmãos".**

Os membros da verdadeira família de Jesus são aqueles que habitam o mundo para o qual Ele se fez Mensageiro. Mulholand (2005) escreve:

> "Eis minha mãe e meus irmãos" – os discípulos de Jesus tomam-se sua verdadeira família. Essa família não é limitada a doze, pois inclui aqueles que estão "ao redor dele". E ainda mais, Jesus convida outros para serem parte de sua família, ao acrescentar: "qualquer que...". Esse parentesco não é "segundo a carne", conforme determinado pela família, tribo ou raça. Tais relacionamentos fundamentais são substituídos por uma nova ordem social, o dom de Deus para todas as pessoas por meio da comunhão com Jesus. (cf. 2 Coríntios 5:17).

## Broadaman/Marcos (1986) informa:

> Quem é a verdadeira família de Jesus? Marcos acabou de esclarecer que Jesus dissera ter um relacionamento íntimo com Deus e que o poder que ele tinha para fazer o bem vinha de Deus. [...] A verdadeira família de Deus inclui todos os que se identificam com Jesus, fazendo a "vontade de Deus".

**35 Pois aquele que fizer a vontade de Deus, esse é meu irmão, irmã e mãe.**

A família é reconhecida pela característica comum de seguir a *vontade de Deus*. Aqueles que estavam assentados em torno de Jesus buscavam conhecer o Reino de Deus, buscavam conhecer o Novo Mandamento, buscavam a porta pela qual seriam transportados a um Mundo Novo, um mundo formado por uma "comunhão pessoal com homens e mulheres que fazem a vontade de Deus" (Broadman/Marcos, 1986), mas não como o faziam os judeus tradicionais, os fariseus e os escribas... fazer a vontade deste Deus de amor apresentado por Jesus!

## 1.3 O Evangelho de Mateus (12:46-50)

### A verdadeira família de Jesus (12:46-50)

46 Enquanto ele ainda falava às multidões, estavam do lado de fora sua mãe e seus irmãos, procurando falar-lhe.

47 Disse-lhe alguém: Eis que estão ali fora tua mãe e teus irmãos, e procuram falar contigo.

48 Ele, porém, respondeu ao que lhe falava: Quem é minha mãe? E quem são meus irmãos?

49 E, estendendo a mão para os seus discípulos, disse: Eis aqui minha mãe e meus irmãos;

50 Pois qualquer que fizer a vontade de meu Pai que está nos céus, esse é meu irmão, irmã e mãe.

O primeiro ponto a ser considerado é o fato de Mateus não contextualizar este acontecimento, como fez o Evangelista Marcos, a fim de justificar a visita da família a Jesus. "Mateus não tem paralelo com Marcos 3:21, mas indica as reações dos fariseus e da família de Jesus" (Broadman/Mateus, 1986).

Para Rienecker (1998), a passagem apresenta uma oportunidade de confrontar as famílias espiritual e física. Convidado a falar com "a mãe e os irmãos", informou que a sua família era formada por todo aquele que faz a vontade do Pai.

Com essa declaração, Ele reafirma:

- O Seu maior princípio, a saber: realizar a vontade do Pai do Céu.

- A Sua família espiritual, que naquele instante não duvidava dele, enquanto Sua família de sangue parecia vacilar.

- A condição sob a qual espera poder encontrar seus irmãos novamente. Ele espera que retomem à plena confiança e obediência ao Pai do Céu.

Ainda conforme Rienecker (1998), "de forma alguma a resposta de Jesus contém uma negação do valor da família. Mas para ele existem laços mais estreitos que os de sangue". Os autores parecem concordar que esse fato ocorrido no transcorrer do messianato deve ser analisado em paralelo com o que narra *O Novo Testamento*, especialmente depois da ressurreição: lá estavam sua mãe e seus irmãos... A família corpórea reuniu-se à família espiritual.

Broadman/Mateus também acompanha esta posição quando escreve:

> Jesus não deixou campo para dúvidas de que a fé, e não a carne, era a base para o verdadeiro parentesco. Mais precisamente, qualquer que fizer a vontade do Pai de Jesus, que está nos céus, é seu irmão, irmã ou mãe. Isso enfatiza não apenas a verdadeira base para o parentesco, mas também a importância de fazer-se a vontade de Deus. Pode ser observado que, embora Jesus chamasse outras pessoas de mãe, irmão e irmã, chama apenas Deus de seu Pai.

Tanto Tasker (2005) quanto Broadman/Mateus (1986) informam que há controvérsias sobre o versículo 47 (*E disse-lhe alguém: Eis que estão ali fora tua mãe e teus irmãos, que querem falar-te.*), visto que ele não está referido em documentos tradicionais, podendo ser uma inserção tardia com o objetivo de atenuar o impacto da transição entre os versículos 46 e 48.

## 1.4 O EVANGELHO DE LUCAS (8:19-21)

Os estudiosos do Evangelho de Lucas (BROADMAN/ Lucas, 1987; MORRIS, 2000 e RIENECKER, 2005) iniciam sempre seus textos lembrando o Evangelista Marcos. Anotam que esse episódio foi retirado de seu contexto e inserido aqui para ilustrar o versículo 18. Jesus aparecera em Nazaré e fora rejeitado pelo seu povo (Broadman/Lucas, 1987). Os evangelistas Mateus e Marcos colocam essa passagem antes da Parábola do Semeador. Lucas não informa que esta precedeu cronologicamente a passagem em estudo. Seu relato é o mais breve dos três textos (MORRIS, 2000). Rienecker (2005) escreve:

> Em Marcos podemos depreender o verdadeiro motivo por trás da visita dos familiares próximos a Jesus. Havia chegado aos ouvidos dos parentes o rumor de que Jesus estaria "fora de si" (Marcos, 3:21). De acordo com Mateus (12:24 e 26), isso era uma consequência da declaração dos fariseus de que Jesus expelia demônios através de Belzebu. Por isso os irmãos de Jesus queriam apoderar-se dele (Marcos, 3:21).

Vamos, pois, aos comentários dos estudiosos em torno da passagem em Lucas, que é:

> 19 Vieram, então, ter com ele sua mãe e seus irmãos, e não podiam aproximar-se dele por causa da multidão.
>
> 20 Foi-lhe dito: Tua mãe e teus irmãos estão lá fora, e querem ver-te.
>
> 21 Ele, porém, lhes respondeu: Minha mãe e meus irmãos são estes que ouvem a palavra de Deus e a observam.

O primeiro ponto a considerar é que o Evangelista Lucas descreve apenas aquilo que foi dito. Não há preocupação de contextualizar, de informar quem eram seus ouvintes, como estavam dispostos, o que fez Jesus ao receber o pedido da família. Ele atem-se ao fato!

O segundo ponto é a informação de que a mãe e os irmãos de Jesus não podiam se aproximar por conta da multidão que O cercava. Ele estava cercado por aqueles que formavam o círculo íntimo de sua atividade e por aqueles que acreditavam n'Ele.

O terceiro ponto é que Lucas é o único a escrever que minha mãe e meus irmãos são aqueles que (1) ouvem e (2) a praticam. Essa explicação, que fortalece a essência da mensagem de Jesus, está ausente em Marcos e Mateus.

O quarto ponto é a chance que os estudiosos têm de buscar esclarecer sobre os irmãos de Jesus:

- Os irmãos de Jesus são mencionados repetidas vezes em *O Novo Testamento* (Mateus, 12:46; Marcos, 3:21; Lucas, 8:19; João, 2:12; 7:3 e 5; Atos, 1:14; 1Coríntios, 9:5). Em Mateus (13:55) e Marcos (6:3), Tiago, José, Judas e Simão são mencionados como irmãos de Jesus. Em Gálatas (1:19), Paulo cita "Tiago, o irmão do Senhor" (cf. Tiago 1:1; Judas 1). Usar esse contexto para falar de meio-irmãos ou primos de Jesus a fim de defender a virgindade "eterna" de Maria é uma arbitrariedade e um boato que surgiu somente no século II. O fato de Jesus ser chamado de primogênito (Lucas, 2:7; cf. Mateus, 1:25) pressupõe outros filhos do casal nascidos posteriormente (Rienecker, 2005).

- O modo mais natural de entender os irmãos de Jesus é que eram filhos de José e Maria. Os teólogos na tradição católica usualmente sustentam que Maria era perpetuamente virgem e explicam a referência como alusão aos filhos de José por um casamento anterior, ou talvez a primos de Jesus. Há pouca evidência para tais pontos de vista e devemos firmar-nos no significado natural[1] (Morris, 2000).

Um último item de análise é a manifestação também destes estudiosos quanto à interpretação sintética da passagem. Jesus não quer menosprezar a família corpórea, ou Jesus não deseja repudiar sua família, etc. Fica novamente a mensagem de que Jesus se aproveita da oportunidade para pregar uma ideia maior de família, aquela formada por aqueles que fazem a vontade do Pai e que ouvem e praticam aquilo que Jesus ensinava.

### 1.5 OUTRAS INTERPRETAÇÕES SOBRE A FAMÍLIA DE JESUS: A EXISTÊNCIA DE TIAGO, IRMÃO DO SENHOR, OU TIAGO, O JUSTO

A existência de Tiago, o Justo, chamado também de irmão do Senhor, é indicada nas passagens de Marcos (6:3) e Mateus (13:55). Eis os textos:

**Marcos 6**
1 Saiu Jesus dali, e foi para sua terra, e os seus discípulos o seguiram.

2 Ora, chegando o sábado, começou a ensinar na sinagoga; e muitos, ao ouvi-lo, se maravilhavam, dizendo: Donde lhe vêm estas coisas? E que sabedoria é esta que lhe é dada? E como se fazem tais milagres por suas mãos?

3 Não é este o carpinteiro, filho de Maria e irmão de Tiago, de José, de Judas e de Simão? E não estão aqui entre nós suas irmãs? E escandalizavam-se dele.

---

1. Ver mais em: MORRIS, Leon. *The Gospel according to John (New London Commentary)*. Grand Rapids, 1995, p. 187-188.

4 Então Jesus lhes dizia: Um profeta não fica sem honra senão na sua terra, entre os seus parentes, e na sua própria casa.

**Mateus 13**

53 E Jesus, tendo concluído estas parábolas, se retirou dali.

54 E, chegando à sua terra, ensinava o povo na sinagoga, de modo que este se maravilhava e dizia: Donde vem esta sabedoria e estes poderes milagrosos?

55 Não é este o filho do carpinteiro? E não se chama sua mãe Maria, e seus irmãos Tiago, José, Simão e Judas?

56 E não estão entre nós todas as suas irmãs? Donde lhe vem, pois, tudo isto?

57 E escandalizavam-se dele. Jesus, porém, lhes disse: Um profeta não fica sem honra senão na sua terra e na sua própria casa.

58 E não fez ali muitos milagres, por causa da incredulidade deles.

Ao que parece, não há por que duvidar da existência de irmãos de Jesus, já que eles são, inclusive, nominados nos textos de *O Novo Testamento*. É possível que a doutrina da virgindade de Maria, apregoada e defendida ao longo dos séculos, e/ou a carência de informações acerca de José, pai de Jesus, tenham dificultado essa análise. Reiteramos que esta controvérsia não acrescenta ganhos na análise, lembrando novamente Kardec na introdução de *O Evangelho segundo o Espiritismo*, que abre este capítulo.

Parece certo também que Seus irmãos não acreditavam n'Ele como o Messias. Além dos textos de Marcos e Mateus, já citados, podemos lançar mão ainda do texto de João (7:3-5):

3 Disseram-lhe, então, seus irmãos: Retira-te daqui e vai para a Judeia, para que também os teus discípulos vejam as obras que fazes.

4 Porque ninguém faz coisa alguma em oculto, quando procura ser conhecido. Já que fazes estas coisas, manifesta-te ao mundo.

5 Pois nem seus irmãos criam nele.

Seus irmãos passaram a acreditar n'Ele após Sua ressurreição, segundo defende Barros (1999):

Tiago, o Justo – assim como seus irmãos –, não reconheceu Jesus como Messias antes de Sua ressurreição [...]. Desta forma, não esteve entre os doze discípulos que seguiram o Salvador em Seu ministério terreno. Mas o testemunho da ressurreição de Cristo, registrado por Paulo em I Coríntios 15:7, trouxe-lhe mais tarde a experiência de conversão, compartilhada a seguir com seus demais irmãos. A presença de Tiago, o Justo, no cenáculo durante o Pentecostes não é citada, mas pode ser inferida, já que ali se encontravam, ao lado dos apóstolos, de Maria e de muitas outras testemunhas, os irmãos de Jesus (Atos, 1:14).

Se partirmos das indicações do autor, teríamos que o testemunho da ressurreição estaria registrado na primeira Carta de Paulo aos Coríntios, capítulo 15, versículo 7, que diz:

1 Ora, eu vos lembro, irmãos, o evangelho que já vos anunciei; o qual também recebestes, e no qual perseverais,

2 pelo qual também sois salvos, se é que o conservais tal como vo-lo anunciei; se não é que crestes em vão.

3 Porque primeiramente vos entreguei o que também recebi: que Cristo morreu por nossos pecados, segundo as Escrituras;

4 que foi sepultado; que foi ressuscitado ao terceiro dia, segundo as Escrituras;

5 que apareceu a Cefas, e depois aos doze.

6 Depois apareceu a mais de quinhentos irmãos duma vez, dos quais vive ainda a maior parte, mas alguns já dormiram;

7 *depois apareceu a Tiago*, então a todos os apóstolos;

8 e por derradeiro de todos me apareceu também a mim, como a um aborto.

A inferência de que Tiago, o Justo, estava presente no Pentecostes pode ser lida em Atos dos Apóstolos, capítulo 1, versículo 14:

12. Então voltaram para Jerusalém, do monte chamado das Oliveiras, que está perto de Jerusalém, à distância da jornada de um sábado.

13. E, entrando, subiram ao cenáculo, onde permaneciam Pedro e João, Tiago e André, Filipe e Tomé, Bartolomeu e Mateus, Tiago, filho de Alfeu, Simão, o Zelote, e Judas, irmão de Tiago.

14. Todos estes perseveravam unanimemente em oração e súplicas, com as mulheres, e Maria mãe de Jesus, e *com os irmãos dele*.

Tiago, o Justo, é tido como importante líder da Igreja de Jerusalém. Paulo, ao falar de sua missão junto aos gentios, indica a importância de Tiago quando escreve aos Gálatas (2:9):

> E quando conheceram a graça que me fora dada, *Tiago*, Cefas e João, que pareciam ser as colunas, deram a mim e a Barnabé as destras de comunhão, para que nós fôssemos aos gentios, e eles à circuncisão.

Alguns autores insistem em afirmar que este Tiago citado é o irmão de João. Ocorre que Tiago Maior foi o primeiro apóstolo a encontrar a morte, em aproximadamente 44 de nossa era. A Carta de Paulo ao Gálatas foi escrita entre 55 e 60 de nossa era. Logo, as descrições não devem se referir a Tiago Maior.

Tiago também é referido como importante figura no Concílio de Jerusalém, ocorrido entre 49 e 50 d.C., e descrito em Atos, capítulo 15, especialmente os versículos de 13 a 21. Escreve Barros (1999) que:

> suas deliberações sobre as questões em pauta naquela assembleia – de interesse estratégico para a fé cristã – evidenciam sua posição de autoridade sobre a Igreja em Jerusalém, da qual é tradicionalmente apontado como o primeiro bispo.

A epístola de Tiago contida em *O Novo Testamento* é atribuída a Tiago, o Justo. Há, porém, alguma controvérsia. Segundo a tradição, Tiago, o Justo, encontrou a morte quando foi atirado do alto do templo de Jerusalém, após o que foi apedrejado. Isso se deu por que ele foi conclamado a negar sua fé em Cristo diante da multidão, mas, como fez exatamente o contrário, encontrou a morte. Esse fato ocorre em torno do ano 62 d.C.

## 1.6 O QUE PODEMOS APRENDER COM ESSA PASSAGEM?

Essa passagem foi alvo de reflexão de Allan Kardec em *O Evangelho segundo o Espiritismo*, no capítulo XIV, item 7, que também concordará com fato de que não há ali nenhuma intenção em menosprezar os laços de família. Vejamos o que escreve o codificador:

> Pelo que concerne a seus irmãos, sabe-se que não o estimavam. Espíritos pouco adiantados, não lhe compreendiam a missão: tinham por excêntrico o seu proceder e seus ensinamentos não os tocavam, tanto que nenhum deles o seguiu como discípulo. Dir-se-ia mesmo que partilhavam, até certo ponto, das prevenções de seus inimigos. O que é fato, em suma, é que o acolhiam mais como um estranho do que como um irmão, quando aparecia à família. João diz, positivamente (7:5), *"que eles não lhe davam crédito".*
>
> Quanto à sua mãe, ninguém ousaria contestar a ternura que lhe dedicava. Deve-se, entretanto, convir igualmente em que também ela não fazia ideia muito exata da missão do filho, pois não se vê que lhe tenha nunca seguido os ensinos, nem dado testemunho dele, como fez João Batista. O que nela predominava era a solicitude maternal. Supor que Ele haja renegado sua mãe fora desconhecer-lhe o caráter. Semelhante ideia não poderia encontrar guarida naquele que disse: *Honrai a vosso pai e a vossa*

*mãe*. Necessário, pois, se faz procurar outro sentido para suas palavras, quase sempre envoltas no véu da forma alegórica.

Ele nenhuma ocasião desprezava de dar um ensino; aproveitou, portanto, a que se lhe deparou, com a chegada de sua família, para precisar a diferença que existe entre a parentela corporal e a parentela espiritual.

Após essas reflexões, Kardec desdobra seu raciocínio e, no item 8 do mesmo capítulo, comentará sobre a parentela corporal e a parentela espiritual.

Neste item, há o realce para a visão espírita das ligações pretéritas dos Espíritos que se reúnem por afinidade e se agrupam fisicamente nas famílias físicas. Aponta para o fato de que os Espíritos que mantêm laços de simpatia entre si tendem a se reunirem, mas também considera a necessidade destes mesmos grupos receberem Espíritos comprometidos por conta de acontecimentos do passado que necessitam ser superados a fim de que todos alcancem a felicidade. Assim, ele explica por que é possível que haja mais afeição entre dois amigos do que entre dois irmãos consanguíneos. Por conta disso, apresenta a ideia da família espiritual e da família corpórea. Sendo a primeira fruto da feição recíproca a que se dedicam os Espíritos e a segunda resultante das necessidades de aprendizagem e de superação do passado, podendo reunir inclusive adversários, a fim de que se reencontrem para ajustes importantes da emoção.

A visão de que somos partes de um grupo espiritual que se reúne por afinidades e que a família corpórea é passageira não deve subestimar a função educativa da família para os Espíritos que vivem a experiência da reencarnação. Há de se considerar que a Misericórdia de Deus, pelo mecanismo próprio da Lei de Causa e Efeito, aproxima Espíritos necessitados de reencontro nos estreitos espaços da família corpórea. Desconsiderar os motivos que reúnem essas criaturas em grupos familiares é desconsiderar a causalidade anterior das ligações familiares. A benfeitora Joanna de Ângelis (FRANCO, 2008), na obra que dedicou ao estudo da família – *Constelação familiar* –, é bastante enfática quando fala da origem anterior da família:

> Esse grupamento familiar, no entanto, não é resultado casual de encontros apressados no mundo físico, havendo ocorrido nas Esferas espirituais antes do renascimento orgânico, quando desenhadas as programações entre os Espíritos comprometidos, positiva ou negativamente, para ajustamentos necessários ao progresso a que todos se encontram submetidos (cap. 1, p. 16).

> Entretanto, as reencarnações difíceis no mesmo grupo consanguíneo constituem ocasião incomum que favorece o aprimoramento espiritual, na oficina doméstica onde caldeiam as imperfeições e se lapidam as anfractuosidades morais dos seus membros (cap. 5, p. 43).

> Ninguém renasce em uma consanguinidade por acaso, mas antes por necessidades imperiosas de ajustamento emocional, de renovação moral e de aquisição de experiências especiais (cap. 8, p. 62).

> A família é, portanto, o lugar seguro onde os Espíritos se encontram para crescimento moral, devendo sempre ser fortalecida em qualquer circunstância, a fim de que desempenhe a tarefa elevada a que está destinada (cap. 25, p. 167).

Parece que a informação de Jesus dilata a nossa percepção sobre o que seja efetivamente a família universal. Somos todos irmãos e filhos do mesmo Deus e, por isso, devemos exercitar o amor ao próximo, porque ele faz parte de nossa família universal. Entretanto, existem rebatimentos mais próximos de nossa realidade cotidiana. Os Espíritos superiores falam de uma família espiritual da qual fazemos parte por conta de longo tempo de convivência e de afeição recíproca e, também, falam de uma família corpórea, que manifesta muitas vezes essa afeição espiritual original, mas que na maioria dos casos no planeta em que vivemos é o cadinho onde se encontram aqueles que necessitam aparar arestas ou encontrar na união de amores a força para superar divergências essenciais anteriores, reunidos todos no espaço próprio da família consanguínea.

Daí a necessidade de estudarmos este tema sem a visão reduzida de que podemos deixar para depois a superação de obstáculos e lutas íntimas que a Misericórdia de Deus nos apresentou na família de hoje, com as características do tempo em que estamos vivendo. Esse é o nosso desafio de estudo.

# 2

# A FAMÍLIA CONTEMPORÂNEA E SEUS NOVOS ARRANJOS

## 2.1 ESFORÇO DE CONCEITO

Não é simples a busca por um conceito (ideia) ou mesmo definição (limites) de família. Gerstel (1996, p. 297) informa que, embora muitos estudiosos tenham chamado a atenção para o fato da notável diferença entre as formas de família, outros tantos tentam buscar identificações universais de família. Escreve que o antropólogo Georg Murdock, em 1949, após análises de cerca de 500 organizações sociais, afirmou que a família era

> um grupo social caracterizado pela residência, a cooperação econômica e a reprodução. Ela inclui adultos de ambos os sexos, pelo menos dois dos quais mantêm um relacionamento sexual socialmente aprovado, e um ou mais filhos, próprios ou adotivos, dos adultos que coabitam sexualmente. (MURDOCK, 1949, p. 1 apud GERSTEL, 1996, p. 297.)

No que pese o esforço de conceituação e definição de limites empreendidos por Murdock, Gerstel demonstra que o tempo e as observações trataram de desconstruir o que foi sintetizado de tal forma que "essa definição já não pode mais ser aplicada com precisão sequer no Ocidente".

Vamos enumerar algumas das críticas ao conceito, sempre considerando a generalidade que nos permite reflexão, aproveitando para estudarmos o tema e a flexibilidade que ele exige.

**1.** A família atual também consiste de apenas um dos genitores (tipicamente a mãe) e um filho;

**2.** A família atual também é formada por adultos que coabitam sem filhos;

**3.** Os casais que se privam voluntariamente da paternidade/maternidade, são os casamentos sem filhos;

**4.** O casamento continua a ser uma instituição baseada na dependência econômica, mas:

    **a.** A mulher adentrou a força de trabalho, passando a contribuir com o orçamento doméstico com maior ou menor intensidade (o que pode significar maior ou menor independência do marido neste aspecto);

    **b.** A despeito da aparente independência financeira dos maridos, muitos dependem do aporte financeiro de suas mulheres para o equilíbrio das contas do casal, e é crescente o número de lares em que a mulher é responsável pela subsistência;

    **c.** Apesar da chamada independência financeira dos filhos, muitos deles ainda dependem do apoio de seus pais, considerando o setor em que se empregam inicialmente (serviços, informalidade etc.), a instabilidade dos mercados de trabalho para esta faixa etária etc.;

**d.** "Embora a divisão de trabalho ligue marido a mulher e filhos a pais, as ideologias transformaram e mistificaram a relevância econômica desses intercâmbios, moldando-os em termos de amor e companheirismo. Nessa ideologia, a cooperação econômica tornou-se voluntária e a divisão de trabalho trivializada".

**5.** Grupos de Pesquisa mostraram que não se tem mais a predominância de famílias nucleares[2] isoladas, mas sim um modelo de famílias ampliadas[3] e modificadas, em que os contatos com parentes, mesmo os que vivem distantes, é possível por meio de tecnologia de comunicação;

**6.** Algumas atividades profissionais levaram casais de classe média a viverem em casas separadas, rompendo com o conceito de família residencial, e mesmo de comunidade e vizinhança. O mesmo fenômeno de viver separado é observado em áreas urbanas pobres onde casais de baixa renda tendem a viver separados e apoiados por grupos de parentes com quem, em geral, se envolvem em relacionamento de apoio recíproco;

**7.** Da mesma forma, alguns pesquisadores demonstraram que negros de classes urbanas pobres tendem a transformar

---

2. Neste trabalho, definiremos *família nuclear* ou *família restrita* (como Singly, 2007) como aquela composta por pai, mãe e filhos.

3. Neste trabalho, definiremos *família extensa* ou *ampliada* como aquela que se estende para além da unidade pai, mãe e filhos, ou do casal, incluindo parentes próximos – os avós, por exemplo.

amigos em "parentes fictícios", "pois se supõe que a família seja mais confiável do que a amizade";

**8.** O caso anterior pressupõe que o conceito de família passe a ser percebido como um conceito de rede local e não mais de lar ou de vizinhança. Diz Gerstel (1996) que "mais importante ainda, a família torna-se subjetiva: é a unidade que permite a sobrevivência e que organiza o mundo da pessoa" (p. 298);

**9.** Estudos recentes informam que a busca por um conceito universal de família esconde mudanças históricas, obscurece a diversidade e faz sombra à realidade da experiência familiar em tempo e locais próprios e particulares.

**a.** Alguns historiadores chegam a escrever que somente a partir do século XV é que podemos encontrar o surgimento do conceito de família. Segundo Gerstel (1996, p. 299), Philippe Ariès escreveu que "a família existia em silêncio [...]. Temos que reconhecer a importância desse silêncio: não se dava muito valor à família";

**b.** Na América do Norte colonial a família era definida em termos de contribuição produtiva e filiação ao lar. Assim, empregados que viviam e trabalhavam em uma casa eram tratados como membros da família, sujeitos a autoridade do chefe da família, mas sem laços consanguíneos;

**c.** A família moderna do Ocidente é definida diferentemente: "essa família moderna é formada na base da afeição e do amor; funciona em benefício da personalidade, para fornecer segurança psicológica e capacidade de lidar com tensões; e seus cônjuges são companheiros, da mesma forma que seus genitores (especialmente as mães) são protetores e se autossacrificam [...]; a família moderna se tornou cada vez mais privatizada, silenciosa e reclusa... (p. 299);

**10.** Os modelos de família passam a depender muito das experiências de raça, de classe, valores e de crenças. "A feminista do Terceiro Mundo que defende a família e a feminista da classe média que é de opinião de que esta deveria ser abolida *não estão falando sobre as mesmas famílias*" (RAPP, 1978, p. 278 apud GERSTEL, 1996, p. 298);

**11.** Considerando os muitos significados possíveis:

**a.** Genitores afirmam que eles e seus filhos são "famílias" porque estão ligados não só pelo sangue, mas especialmente pela emoção [ou pelo afeto[4]];

**b.** Casais que coabitam, com filhos ou sem eles, pretendem o título de "família" pois partilham das emoções de cônjuges;

Podemos dizer, sintetizando Gerstel (1996), que a tentativa de restringir família a um conceito é, na verdade, o estabelecimento do limite específico de quem faz o exercício de conceituar o que, certamente, deixará de fora outros tantos limites possíveis se vistos pela ótica, experiências, valores e crenças de outros. Logo, é mais fácil falar de "famí-

---

4. Neste trabalho definiremos família eudemonista como aquela decorrente do afeto.

lias", que são resultado de elaboração ideológica (como reduzimos o mundo para melhor nos relacionarmos com ele) e social (considerando aqui os aspectos do eu, do outro e do mundo e suas possíveis relações de interdependência). "Qualquer tentativa de defini-la como instituição delimitada, com características universais em qualquer local ou tempo, necessariamente fracassarão" (GERSTEL, 1996, p. 299). A leitura dos itens apresentados por Gerstel (1996) parece apontar para uma desconstrução do que é material e, por conseguinte, a valorização do que é essencialmente emocional na construção das relações familiares. É certo que este trajeto dificulta qualquer tentativa de limitar a família pelo seu aspecto físico, biológico, estrutural. Parece-nos que a benfeitora espiritual Joanna de Ângelis (1982), em obra basilar – *Estudos Espíritas* –, consegue sintetizar estas questões de forma a organizar nosso pensamento na busca do conceito de família.

Vejamos como se posiciona a benfeitora:

> Conceito: Grupamento de raça, de caracteres e gêneros semelhantes, resultado de agregações afins, a família, genericamente, representa o clã social ou de sintonia por identidade que reúne espécies dentro da mesma classificação. Juridicamente, porém, a família se deriva da união de dois seres que se elegem para uma vida em comum, através de um contrato, dando origem à genitura da mesma espécie. Pequena república fundamental para a grande república humana representada pela nação.

> A família tem suas próprias leis, que consubstanciam as regras de bom comportamento dentro do impositivo do respeito ético, recíproco entre seus membros, favorável à perfeita harmonia que deve vigorar sob o mesmo teto em que se agasalham os que se consorciam (p. 175).

E, em conclusão otimista, semelhante a de Gerstel (1996), a benfeitora, no capítulo 29 da obra *Constelação familiar* (2008), escreve sobre o futuro da família:

> As mudanças continuarão ocorrendo, conforme as conquistas de cada época, sem que a família perca seus alicerces de segurança, quais sejam: a fidelidade ao grupo, o amparo recíproco, a proteção, como decorrência do sentimento de amor, preparando para a união com as demais associações, na identificação universal (p. 185).

Rios (1986), no conhecido *Dicionário das Ciências Sociais*, afirma que, ao longo do tempo, a família perdeu algumas funções e também ganhou outras e que destas parecem mais importantes e permanentes a "reprodução da espécie, a criação e a socialização dos filhos, a transmissão essencial do patrimônio cultural" (p. 457). O pesquisador chama a nossa atenção para algumas diferenças entre termos que podem sugerir semelhança:

1. Família e grupo doméstico não são termos equivalentes. O grupo doméstico é formado por indivíduos que partilham o mesmo *habitat* e a reserva de alimento. A família vem desempenhando outras funções, como a econômica (que perdeu na Idade Moderna),

> a de conferir *status* e classificação social a seus membros; a lúdica; a recreativa, que ainda mantém em sociedades tradicionais; a de grupo solidário e assistencial. É importante sua função de centro de socialização no sentido mais amplo da palavra, não só educando seus membros, mas transmitindo-lhes todos os condicionamentos para expressão ou inibição de emoções. Nesse sentido, a função da família é primordial. Serve ainda de quadro a processos biológicos e biossociais que o indivíduo protagoniza durante suas fases de vida, desde o nascimento, através da maturidade e da velhice, até a morte (p. 457).

# 2. Família biológica e grupo familiar devem ser diferenciados.

> A tendência da família sempre foi romper os limites biológicos criados, por exemplo, pelo relacionamento sexual e pela reprodução, rompidos através de relacionamentos sociais da adoção ou o parentesco fictício. [...] O casamento, que funda a família, é do mesmo modo mais do que um relacionamento sexual, porque gera efeitos sociais que nada tem a ver com a função biológica (p. 457).

Aqui temos a reflexão sobre a superação dos limites próprios do corpo para que impere o valor do sentimento, da emoção, do afeto. A família se funda no casamento (ou em outros ritos de união de pessoas), que se apropria da sexualidade para estabelecer a prole, mas, certamente, como bem indicou o autor, a família sempre buscou superar os limites físicos. Desse modo, o casamento vai muito além da **sexualidade**, porque inaugura uma era de deveres e direitos conjugais que se estabelecem e se fundamentam no campo da emoção, suportado pelo **companheirismo** e pela **afetividade madura**.

## 2.1.1 A visão jurídica

A Constituição Federal apresenta o que o legislador entende por família, quais seus direitos e deveres, na expectativa de materializar aquilo que a sociedade entende como melhor para si.

Vejamos o artigo 226:

> **Art. 226.** A família, base da sociedade, tem especial proteção do Estado.
>
> **§ 3º** Para efeito da proteção do Estado, é reconhecida a união estável entre o homem e a mulher como entidade familiar, devendo a lei facilitar sua conversão em casamento.

§ 4º Entende-se, também, como entidade familiar a comunidade formada por qualquer dos pais e seus descendentes.

§ 5º Os direitos e deveres referentes à sociedade conjugal são exercidos igualmente pelo homem e pela mulher.

§ 7º Fundado nos princípios da dignidade da pessoa humana e da paternidade responsável, o planejamento familiar é livre decisão do casal, competindo ao Estado propiciar recursos educacionais e científicos para o exercício desse direito, vedada qualquer forma coercitiva por parte de instituições oficiais ou privadas.

Além deste artigo em especial, a Constituição Federal apresenta alguns Princípios do Direito de Família:

• **Princípios constitucionais gerais:**
1) Da dignidade da pessoa humana (art. 1º. III e 226, §7º. da CF)
2) Da tutela especial à família (art. 226, *caput* da CF)
3) Do pluralismo democrático (art. 1º., V da CF)
4) Da igualdade material (art. 5º. *Caput* e I da CF)
5) Da liberdade, da justiça e da solidariedade (art. 3º. I da CF)
6) Da beneficência (art. 3º., IV da CF)

• **Princípios constitucionais específicos:**
1) Da afetividade
2) Do pluralismo das entidades familiares
3) Da parentalidade responsável (art. 226, §7º. da CF)
4) Do melhor interesse da criança e do adolescente (art. 227 da CF)
5) Da convivência familiar (art. 227, *caput* da CF)
6) Da isonomia entre os filhos (art. 227, §7º. da CF)

Quando trata especialmente do princípio da isonomia entre os filhos, o legislador indica aquele processo de flexibilização da consanguinidade e do patrimônio que mar-

Alvaro Chrispino

caram a história da família para valorizar a afetividade que liga de forma essencial os membros de uma mesma família. Sendo isso verdade, e acreditamos que sim, é de se esperar que a legislação indique os mesmos direitos ente os membros de uma mesma família, por mais diferentes sejam suas origens, trajetos de chegada ao seio familiar ou regra de relação afetiva:

- Constituição Federal: Art. 227, §6º: Os filhos, havidos ou não da relação de casamento, ou por adoção, terão os mesmos direitos e qualificações, proibidas quaisquer designações discriminatórias relativas à filiação.

- Código Civil: Art. 1.593. O parentesco é natural ou civil, conforme resulte de consanguinidade *ou outra origem*.

- Estatuto da Criança e do Adolescente (ECA): Art. 27: o reconhecimento do estado de filiação é direito personalíssimo, indisponível e imprescritível da pessoa humana.

O fenômeno da "desbiologização da paternidade" nada mais é do que o reconhecimento da paternidade afetiva, não necessariamente biológica. Essa é uma grande inovação do Direito de Família ou, como diz tão brilhantemente a Desembargadora Maria Berenice Dias, do Direito das Famílias, haja vista a pluralidade estrutural e as transformações pelas quais vem passando a concepção de família.

A mudança do conceito de família está solicitando que a estrutura familiar seja percebida como um "estar" de afetividade mútua entre todos que a integram, realçando, para tanto, a diversidade. Com isso fica mais claro o motivo da desbiologização e a concepção de paternidade socioafetiva. O art. 226 § 7º da Constituição Federal pôs fim à preeminência da paternidade biológica, trazendo a noção de *paternidade responsável*, "o direito da filiação não é somente o direito da filiação biológica, mas é também o direito da filiação vivida".

Paradoxalmente, da mesma forma que a modernidade trouxe da Biotecnologia o exame de DNA para elucidar crimes e revelar os genitores "de fato" nas ações investigatórias de paternidade, trouxe também para o campo jurídico, em feliz inspiração, a desbiologização, que significa a "convivência socioafetiva superveniente à biológica". Isso pode indicar quem é o pai biológico (o que oferece a vida), mas pode ser que este não seja o pai na concepção plena do termo: o pai afetivo (o que cria e dá afeto, construindo a vida).

É interessante ter consciência de que o pai não é apenas o doador de uma parte fecundante, pai é o que dá afeto e exerce o *poder familiar* permanente e efetivamente. Pereira (1999), em seu artigo *"Pai, por que me abandonaste?"*,[5] diz, de forma clara, o que é a paternidade: "[...] Paternidade é uma função exercida, ou um lugar ocupado, por alguém que não é necessariamente o pai biológico".

Quando percebemos que a legislação humana vai, aos poucos que seja, afastando-se da estrutura rígida da matéria e do patrimônio físico para buscar proteger e valorizar aquilo que está no campo da emoção e do sentimento verdadeiros, lembramos de Allan Kardec, quando pergunta aos Espíritos superiores sobre o porquê da instabilidade das leis humanas e recebe como resposta: "[...] Quanto mais se

---

5. PEREIRA, Rodrigo da Cunha. *Pai, por que me abandonaste?*. Acesso em: 01/01/2013. Disponível em: <http://www.ibdfam.org.br/novosite/artigos/detalhe/41>.

aproximam da vera justiça, tanto menos instáveis são as leis humanas, isto é, tanto mais estáveis se vão tornando, conforme vão sendo feitas para todos e se identificam com a lei natural" (*O Livro dos Espíritos*, pergunta 795).

Françoise Dolto (2011), escrevendo sobre a filiação, terá a oportunidade de sintetizar a seguinte afirmativa: "Toda filiação é adotiva porque é necessário o ato de aceitação da criança como filha para que exista realmente essa vinculação afetiva entre mãe e filho ou entre pai e filho".

## 2.1.2 A visão social

Para o IBGE (2010, p. 100):

> O papel da família na reprodução da sociedade é reconhecidamente muito significativo. É na família que a renda é reunida para organizar um orçamento comum que satisfaça as necessidades de cada membro. A renda adquirida pela família é, basicamente, o que define suas possibilidades de aquisição de bens e serviços. Nessa medida, a renda familiar *per capita* é um indicador bastante eficaz para caracterizar o perfil socioeconômico das famílias brasileiras.

Guardadas as proporções entre a visão estatística e econômica de família como célula unitária da sociedade, encontraremos interessante semelhança com o que escreve a benfeitora Joanna de Ângelis (2008), ampliando a função da família como célula primária da sociedade pela agregação da visão de valores morais e comprometimento ético de seus membros, sendo essa uma orientação recorrente da benfeitora. Escreve-nos ela:

> [...] a família é o alicerce sobre o qual a sociedade se edifica, sendo o primeiro educandário do Espírito, onde são aprimoradas as faculdades que desatam os recursos que lhe dormem latentes (p. 21).

A vida em sociedade é necessária para o desenvolvimento ético e moral dos indivíduos responsáveis pelo grupo familiar, ensaiando os passos para ampliar os relacionamentos com outros segmentos humanos (p. 105).

Ao introduzir o capítulo intitulado "Família", na *Síntese de Indicadores Sociais – Uma Análise das Condições de Vida da População Brasileira 2010*, o IBGE informa que a Comissão Econômica das Nações Unidas para a Europa (UNECE) produziu, em fevereiro de 2010, um estudo intitulado *Measurement of different emerging forms of households and families*,[6] que propõe práticas para investigações considerando as novas formas de organização das famílias.

A visão contemporânea de organizações de famílias considera que os padrões de formação, de dissolução e de reconstituição das famílias tornam-se cada vez mais heterogêneos e com limites tênues e ambíguos. Segundo o estudo, o casamento tornou-se menos central, como era característica até pouco tempo atrás, diminuindo o preconceito com as pessoas que não se casam.

Há um aumento das separações e de divórcios, e isso acarreta, como consequência direta, a formação de famílias reconstituídas ou recompostas,[7] em que um de seus membros já experimentou a separação e/ou divórcio.

---

6. Para informações complementares sobre o documento, consultar nota técnica da UNECE no endereço: <http://www.unece.org/stats/documents/ece/ces/2010/8.add.1.e.pdf>.

7. Neste trabalho definiremos família recomposta ou reconstituída aquela formada por casais onde um ou ambos já mantiveram casamentos ou uniões anteriores.

O aumento da mobilidade espacial urbana permite que as famílias escolham onde querem morar, diferentemente de tempo mais remotos, em que a família nuclear (homem, mulher e filhos) estava próxima da família de origem (de seus pais), aumentando a liberdade do casal, a sua independência para fundar ou refundar novos modelos de casamento e família, rompendo ou modificando os modelos sistêmicos de família em que foram criados, estabelecendo novas rotinas de convivência e parceria. Isso pode ser percebido pelo aumento do registro de novos domicílios (novas famílias), resultando no desdobramento de famílias de origem em pequenas e novas famílias de origem.

Este quadro de reestruturação da família contemporânea solicita maior detalhamento, o que faremos nos tópicos seguintes.

## 2.2 Conhecendo os membros dos arranjos familiares

Estudiosos sobre o tema, oriundos especialmente dos campos da Sociologia e da Psicologia, apresentam uma sequência histórica de fatos e variáveis que marcam as modificações no modelo tradicional de família, produzindo as diversas e complexas conformações familiares contemporâneas. Dentre estes autores, podemos enumerar Peixoto (2007), Singly (2007), Castells (2007), Therborn (2011) e Turkenicz (2012), entre muitos outros. Mais uma vez, esclarecemos que estes autores foram escolhidos especialmente porque oferecem informações que contribuem para a intencionalidade deste trabalho, explicitada desde antes.

Os autores que descrevem a evolução do modelo de família, sempre considerando o Ocidente, referenciam os estudos de Talcott Parsons,[8] quando, por volta de 1950, identifica o modelo ideal de família como sendo aquele formado pelo casal legalmente constituído e seus filhos, em que o pai é o responsável pela manutenção financeira e a mãe a responsável pela gestão da casa e da educação dos filhos. Os acontecimentos ao longo das décadas, e mesmo anteriores, cujos resultados se fizeram sentir posteriormente, foram influenciando a maneira com que as pessoas se relacionavam com o(a) parceiro(a) e com a própria sociedade, no que concerne a este tema.

As **tecnologias reprodutivas** tiveram forte impacto no matrimônio e na escolha de não casar. O surgimento da pílula anticoncepcional permitiu a mulher escolher o momento mais adequado (de acordo com sua avaliação e valores) para o surgimento do(s) filho(s) no casamento. Esta ferramenta tecnológica também serviu para que as mulheres se sentissem mais seguras para aventurarem-se nas experiências sexuais antes do casamento, igualando-se aos homens no exercício aventureiro do sexo. Afinal, a sociedade é permissiva com o homem e restritiva com a mulher, pois é ela quem engravida.

Na mesma categoria de novas tecnologias reprodutivas, foram ampliadas as fronteiras temporais da gravidez. Passou a ser possível engravidar mais tarde, engravidar sem relações sexuais, engravidar de um doador desconhecido e impessoal, superar barreiras fisiológicas e temporais, favorecendo, assim, o fenômeno da gravidez.

Essa contribuição da tecnologia reprodutiva em seus mais variados aspectos (i) impactou o calendário reproduti-

---

8. Talcott Parsons (1902-1979) foi um dos sociólogos norte-americanos mais conhecidos em todo o mundo.

Alvaro Chrispino

vo, visto que permitiu que as mulheres engravidassem mais tarde e escolhessem quantos filhos gostariam de ter; (ii) libertou a mulher dos estereótipos históricos que lhe indicavam um destino sexual a que deveria se submeter, como escreve Beck (2010), e deixou para trás (esperamos!) o tempo em que ela "servia de pasto para as paixões" (ÂNGELIS; FRANCO, 2000, p. 185). Castells (2007) informa que, na Alemanha, a taxa de natalidade, em 1901/1905, era de 4,74 e passou a 1,32 em 1981/1985. Era a maior taxa em 1901 e passou a ser a menor taxa em 1981, entre 11 países industrializados.

Outro aspecto importante, que atuou de forma intensa de fora para dentro na reconfiguração dos casamentos, foi a mudança no quadro das políticas públicas voltadas para a família e para a mulher, bem como o surgimento de legislação que apontasse para direitos e tratamentos isonômicos.

A legislação que dava aos diversos herdeiros os mesmos direitos sobre o patrimônio familiar e, de forma direta, rompia com a tradição de escolherem aquele filho que administraria a herança foi especialmente promotora de mudanças essenciais. A igualdade de direitos (de todos os herdeiros) sobre o patrimônio econômico de alguma forma induziu o valor da educação de todos os filhos, a fim de que estivessem mais bem preparados e não pusessem a perder os bens herdados. Era o início da valorização do patrimônio cultural/educacional.

A lei que permitiu o divórcio foi de grande valor na nova conformação da família e do papel da mulher nela e na sociedade onde ela se insere. Antes, a mulher ficava atrelada ao marido e ao casamento, por pior que eles fossem, visto que não era possível a dissolução e, mesmo que resolvesse abandonar a família nuclear, não tinha como manter-se e manter os próprios filhos.

O surgimento do divórcio, acompanhado pela legislação de amparo financeiro do provedor aos filhos, permitiu à mulher uma opção social a mais: deixar o lar que fosse infeliz ou violento. E mais: permitiu que ela – liberta do vínculo anterior – pudesse buscar reconstruir uma nova família, dando surgimento à chamada família recomposta ou reconstituída, que só faz crescer nas estatísticas. Therborn (2011) informa que a taxa de nupcialidade vem caindo nos 15 países da União Europeia (7,8 em 1960 e 5,1 em 1995) mas, nos Estados Unidos, essa taxa vem se sustentando (8,5 em 1960 e 8,3 em 1998) por conta dos divórcios e recasamentos, que alcançam quase a metade dos casamentos registrados.

Ainda no campo das políticas públicas, importa ressaltar que houve mudanças na visão que o Estado possuía de família. A França, país favorável a políticas de incentivo a gravidez e ao apoio a permanência da mulher no lar, substituiu o abono para famílias com mais de dois filhos, que incentivava as mães a permanecerem cuidando dos filhos, por estruturas que tinham a função de acolher as crianças desde a mais tenra idade, permitindo que a mulher-mãe pudesse retornar/permanecer no mercado de trabalho. Logo, a "política familiar torna-se, assim, nos anos 1980, um dos instrumentos das políticas de emprego" (PEIXOTO, 2007, p. 13).

O surgimento do (bem-vindo) movimento de isonomia de Direitos Humanos – que buscava defender a isonomia de crianças, mulheres, negros, homoafetivos, etc.– intensifica o quadro de mudanças sociais. Por outro lado, a guerra em alguns países de economia central, consumindo a vida de jovens homens, e os crimes e acidentes em países de economia emergente – como o Brasil, por exemplo – abriram espaços na *cadeia produtiva* para que as mulheres ocupassem postos de trabalhos dos mais variados. Apesar desse avanço social, parece distante o tempo em que as mulheres receberão os mesmos valor e tratamento profissional que os homens.

A melhoria das condições de vida, a urbanização das famílias, o controle das doenças endêmicas, o surgimento de antibióticos diversos etc., permitiram uma maior **longevidade** de homens e mulheres. Enquanto os homens vivem hoje um pouco mais de 70 anos, as mulheres caminham para viver um pouco mais de 80 anos. A longevidade foi fator essencial para que as relações passassem por mudanças importantes, quando o afeto e o companheirismo passam a ocupar lugar de destaque no altar da vida a dois. Este fenômeno levou Jablonski (1991) a cunhar uma expressão que resume o quadro: "Até que a vida nos separe" em vez de "até que a morte nos separe" (no casamento). A longevidade alongou o tempo de permanência de vida conjugal, requisitando que as regras de convivência fossem revistas e repactuadas. Para se ter uma ideia da mudança, em 1900, "mais da metade das crianças que sobreviviam e chegavam aos quinze anos já não tinha um dos pais vivos" (JABLONSKI, 1991, p. 87).

A longevidade também levou a configuração de novos modelos de famílias ampliadas ou extensas quando forçou ou favoreceu que várias gerações convivessem no espaço de uma mesma família.

Há, ainda, uma variável determinante na influência de mudança da conformação das famílias contemporâneas, que é a crescente tendência a **individualização das famílias**, suplantando a visão histórica de família como instituição.

A possibilidade da escolha de **número de filhos** e o **momento de concebê-los**, bem como a possibilidade de separar-se do cônjuge quando ele não mais atende a essencialidade do respeito mútuo, do companheirismo e do afeto e ligar-se a outro cônjuge, podem ter contribuído para a refundação do paradigma vigente na família até então: onde antes se via o esforço (e a anulação pessoal) para que a instituição se mantivesse a qualquer custo, hoje se percebe que a família trabalha para que seus membros busquem/alcancem um estado de felicidade possível. A família se torna relacional.

É Peixoto (2007) quem sintetiza bem este novo e importante estado:

> A família muda de estatuto ao se tornar um espaço relacional mais que uma instituição. Desse modo, as pesquisas nesse campo passam a privilegiar a análise dos comportamentos dos indivíduos, e não mais da família, considerando que eles são fundamentais para entender as novas estruturas familiares e suas manifestações nas sociedades marcadas pela valorização da autonomia individual (p. 16).

Há uma mudança de foco do coletivo para o individual, não um individual egoico, mas sim o individual de autonomia e de autoconhecimento que favorecem a construção de pontes de relações com o outro nos aspectos macro das relações: sexualidade, companheirismo e afeto. Procura-se uma "vida conjugal associada a uma vida pessoal. Não se trata somente de estar junto, mas de ser livre junto" (PEIXOTO, 2007, p. 20).

Sobre esta dicotomia necessária ao nosso tempo, Singly (2007) escreve que na luta entre a autonomia e a segurança, procura-se o meio-termo, o equilíbrio: "os indivíduos querem, ao mesmo tempo ter asas e criar raízes, ou segundo uma expressão assinalada por Charles Taylor, *raízes portáteis*" (apud SINGLY, 2007, p. 176).

Esse novo valor na complexa equação do casamento – a individualização não egoica, mas de autoconhecimento para a participação plena na relação – focaliza no indivíduo por si, mas também nos diversos e diferentes papéis ou funções que ele exerce, ou pode vir a exercer, no amplo sistema das conformações familiares contemporâneas. Hoje é criança, amanhã jovem, depois cônjuge, posteriormente avô/avó. Paralelamente, foi primo, tio, cunhado, amigo e vizinho. Pode ter chegado a esses estados pela via da parentela biológica ou pela via da adoção.

Saber desempenhar-se bem em cada um desses papéis que a vida oferece é fruto de amadurecimento e exercício.

A combinação desses vários papéis familiares é que constrói cada um dos modelos de família: expandida ou ampliada, restrita ou nuclear, recomposta ou reconstituída, monoparental, homoafetiva, etc.

Por conta da constelação familiar composta pelas combinações dos papéis que podemos desempenhar é que, talvez, a benfeitora tenha optado em estudar mais detidamente cada um deles em sua obra *Constelação familiar* (FRANCO, 2008). Vamos nos deter um pouco em alguns destes papéis familiares.

### 2.2.1 Os pais

> *Aos pais cabe a grave e operosa tarefa de autopreparação para o sublime cometimento.*
>
> Joanna de Ângelis (2008, p. 31)

Quando consultamos a Codificação kardequiana acerca do tema família, encontramos esclarecimentos importantes que nos auxiliam no entendimento sobre o valor da família atual.[9]

---

9. Especialmente *O Livro dos Espíritos*, perguntas 203 a 206 e *O Evangelho segundo o Espiritismo*, cap. IV.

Aprendemos que existe uma família espiritual perene e outra corporal, cuja experiência estamos vivendo. Aquela reúne Espíritos afins e cuja presença nos traz paz e segurança. Esta última, a física, é na qual as questões que nos tiram a tranquilidade espiritual serão vividas, e nem sempre é uma coexistência tranquila. Ocorre que é com o buril das lutas cotidianas que limamos as dificuldades e ampliamos a família espiritual. Por isso, é possível dizer-se que a reencarnação fortalece os laços de família anterior, como oferece a chance de criação de novos laços. Dada a importância da reencarnação como processo de aprendizado e de superação das questões que trazemos do mundo original, ensinam os Imortais que esta nova oportunidade deve ser aproveitada ao máximo, a fim de encontrarmos um estado de harmonia interior cada vez mais pleno.

Logo, é indispensável olhar para a encarnação atual como oportunidade misericordiosa. Oportunidade essa que, por sua importância, não é regida pelo acaso ou pelos acidentes de percurso. Ao contrário, é fruto do planejamento espiritual prévio a fim de que todos os envolvidos nas redes de relações alcancem o objetivo colimado.

Daí encontrarmos o apontamento da benfeitora informando que "uma constelação familiar é constituída por Espíritos afins", como também por outros "Espíritos que se candidatam à afetividade, em ensaio para ampliação dos sentimentos afetivos" (p. 27). Isso indica que os futuros pais – considerando que executaram o matrimônio previamente planejado – recepcionarão Espíritos afins, Espíritos em ensaio de afetividade e também Espíritos com dificuldades relacionais das mais diversos com membros da família atual.

Buscando facilitar o êxito deste espaço de educação das emoções, os Espíritos responsáveis pelo grupo reencarnante selecionam as melhores combinações de papéis para cada um dos envolvidos, preparam os genitores para o enfrentamento das dificuldades que advirão. Escreve sobre isso a benfeitora (FRANCO, 2008):

> Preparados, portanto, antecipadamente, esses futuros genitores delineiam os programas de autoiluminação, de responsabilidade perante a vida, exercitando a paciência e o amor para o êxito do empreendimento, conscientizando-se das altas responsabilidades que irão assumir (p. 28).

O Espírito André Luiz (XAVIER, 2002) também terá a oportunidade de informar sobre a preparação prévia dos pais para o exercício familiar. No capítulo 13 de *Os mensageiros*, André Luiz narra sua surpresa com os grupos de Espíritos que se formam para falar de diversos assuntos ligados às experiências físicas não tão felizes. O instrutor vem em seu auxílio e diz:

> [No Ministério do Esclarecimento localizam-se] os enormes pavilhões das escolas maternais. São milhares de irmãs que comentam, por lá, as desventuras da maternidade fracassada, buscando reconstruir energias e caminhos. Ainda ali, temos os Centros de Preparação à Paternidade. Grandes massas de irmãos examinam o quadro de tarefas perdidas e recordam, com lágrimas, o passado de indiferença ao dever (p. 73).

Percebe-se que o exercício dos papéis de pai e de mãe se reveste de alta significação e para os quais ninguém é convocado por acaso, excetuando o direito que cada um tem de, ao longo da vida, fazer escolhas diferentes daquelas anteriormente planejadas. Neste caso, os mecanismos próprios da vida reconfiguram os destinos daqueles Espíritos que sofrerão indiretamente as consequências da deserção ao plano pactuado.

Fora o risco de não concretizar o encontro com o cônjuge conforme solicitou, há outras questões indicadas pela benfeitora que merecem nossa reflexão.

A precipitação emocional, o desajuste psicológico e a imaturidade sexual podem desgastar os melhores sentimentos levando a problemas de difícil solução. O sexo é uma usina de força que deve estar a serviço do casal como energia que equilibra e pacifica.

A chegada dos filhos leva à necessária mudança das rotinas anteriores do casal. Novos hábitos, condutas e atividades devem surgir, visto que com a chegada da criança tudo muda, ocupando parcela importante do tempo do casal e da mãe, em especial.

A conduta do casal será o primeiro exemplo a ser observado pela criança, o que impõe reflexões severas a fim de superar a imaturidade psicológica que perpetua hábitos e transfere angústias e frustrações ao pequeno.

Os pais devem, portanto, buscar a preparação para os papéis que irão desempenhar. Havendo planejamento e diálogo, diminui a chance de improviso e de surpresa, que sempre trazem descontentamento, visto que a chegada do filho modifica a vida do casal sério por toda a encarnação.

Como síntese deste item, lembremos da benfeitora (FRANCO, 2008) mais uma vez: "O lar, no entanto, sustenta-se nos *pilotis* vigorosos que são os genitores, deles dependendo a sua edificação ou o seu soçobro" (p. 33).

## 2.2.2 Os filhos

*Desse modo, o filho constitui o fruto sazonado com que a vida contempla a parceria afetiva.*

Joanna de Ângelis (2008, p. 36)

Ao referir-se aos filhos como membros da imensa constelação familiar, a benfeitora o faz posicionando-os de forma especial. Eles, os filhos, devem ser o resultado da união formadora da família, sem o que indica a frustração dos parceiros formadores iniciais da família. Indica como "verdadeira provação a ausência de filhos biológicos" (p. 35) que pode resultar em problemas para o casal.

Há certamente a inexistência de filhos motivada pelo "egoísmo calculista", em que existe apenas a busca do "prazer da convivência e do relacionamento sem a responsabilidade da reprodução" (p. 35-36). Os que assim procedem, sucumbem à imaturidade psicológica, não se permitindo ascender a níveis superiores de emoção, onde o exercício do amor a outrem – os filhos – supera, a par e passo, o egocentrismo e a busca pelas sensações oferecidas pelo uso do tempo com aquilo que a beleza oferta e o dinheiro compra.

Diferentemente destes, existem aqueles que almejam filhos e estão impedidos por dificuldades orgânicas insuperáveis ou de complexa solução. Estes foram alcançados pelos limites originados pelos mecanismos da Lei de Causa e Efeito, que, além de justa, é fundada no amor. Fechadas as portas da geração biológica, é sempre possível que o amor saia em busca dos filhos gerados por outrem, optando pela oportunidade do filho por adoção.

O Espírito Amélia Rodrigues (FRANCO, 1993) brinda-nos com duas páginas de reflexão sobre este tema:

*Filho adotivo* e *Mãe adotiva.* Nelas, a sensibilidade deste Espírito consegue descrever a grandiosidade que cerca a adoção, e também suas angústias. As mensagens trazem um panorama que vai desde um Espírito que mergulha no corpo pela via da maternidade temporária, confiando que aqueles a quem ama irão, um dia, comparecer ao encontro marcado onde será recolhido ao afeto familiar; até aqueles pais que saem "às cegas" pelo mundo na certeza de encontrarem seu amor, os corações que amam, e não perdem o foco no que é verdadeiro, são levados naturalmente ao grande encontro de almas que resulta na adoção.

Recebendo os Espíritos pelo canal da maternidade – biológica ou não –, nossos afetos estão sujeitos a experiências difíceis que não podemos impedir. Podem nascer com limites orgânicos ou mentais ou ainda manifestá-los ao longo da vida, sem que nada possamos fazer, além de amá-los intensamente, na certeza de que o Amor de Deus trabalha para oferecer aprendizagem ideal no tempo e na intensidade. Quando nosso filho se torna "anjo crucificado nos madeiros do sofrimento", necessita de carinho, assistência e educação. É para ele a experiência necessária, assim como o é também para os pais. Ele manifesta a experiência difícil que pertence ao coletivo familiar. A benfeitora Joanna de Ângelis, na obra *Iluminação interior* (FRANCO, 2006),[10] trata deste tema de forma sensível e ampla em uma página intitulada *Filho deficiente*, escrevendo que:

---

10. Sobre esse tema, veja também as obras *Leis Morais da Vida* (LEAL, 1976, cap. 15: Filho deficiente), *Otimismo* (LEAL, 1983, capítulo 44: Filhos alheios) e *Liberta-te do mal* (EBM, 2011, capítulo Crianças de uma era nova).

"Seja qual for o limite em que encontre o teu filho, ama-o com vigor e mais intensidade, porquanto mais ele necessita de ti" (p. 156). E quanto ao passado de deslizes e ao futuro de paz, ela escreve:

> Não és alguém que sofre sem causa justa.
>
> Antes que te reencarnasses, compreendendo os dislates e crimes que praticastes com ele, em experiências anteriores, rogaste a bênção do recomeço no teu regaço de pai ou de mãe, de forma que pudesses auxiliá-lo, reabilitando-te também.
>
> Tudo quanto lhe possas oferecer, em amor e devotamento, coloca-lhe à disposição com sorrisos e esperança de melhores dias que desfrutarás ao seu lado, descobrindo tudo quanto ele também te pode oferecer, enriquecendo as tuas horas com desconhecidas alegrias (p. 157).

É, portanto, por conta destes amores e da Lei de Afinidade que a "família é sempre o sublime laboratório de caldeamento de Espíritos, ensejando experiências iluminativas mais variadas no educandário terrestre" (FRANCO, 2008, p. 37).

Ao concluir suas reflexões sobre filhos, a veneranda Joanna aponta orientações para estes mesmo filhos para com seus genitores. Diz ela que os filhos devem aos pais a gratidão e o respeito pela oportunidade do renascimento no corpo e pela bênção do lar, mesmo quando estes não conseguiram cumprir de forma adequada suas funções (FRANCO, 2008, p. 39), sem esquecer que: "Ser filho é uma oportunidade de aprendizagem para tornar-se genitor. Não sabendo conduzir-se na condição de submissão e obediência, dificilmente saberá orientar e fazer-se compreender" (p. 40).

## 2.2.3 Irmãos entre si

*Esses irmãos, portanto, são aprendizes da vida, formando pequeno grupo social. Pródromo da sociedade ampliada na qual serão convidados a viver no futuro que os aguarda.*

Joanna de Ângelis (2008, p. 45)

Interessante a relação direta que a benfeitora faz neste tema entre a boa convivência entre irmãos e a consequência natural de uma sociedade mais fraterna. Escreve que irmãos que superam as dificuldades naturais dos relacionamentos encontram-se mais bem equipados para o enfrentamento dos desafios existenciais (p. 47), assim como uma família que reúne filhos que se entendem trabalha melhor em favor de uma sociedade harmônica (p. 43).

Numa análise em tese, para fins didáticos, irmãos que se entendem e se amam desde cedo demonstram que seus laços anteriores eram deste teor. Reconhecem-se fluidicamente e, identificando as emoções que os unem, dão natural continuidade a essa conquista. Entretanto, tal não acontece quando a família é marcada por reencarnações difíceis, que são percebidas desde a infância quando as rusgas entre os irmãos ultrapassam aquilo se pode classificar de comum, e, em vez de cessarem com o tempo, tomam corpo e se estendem.

A vigilância dos pais neste caso precisa ser redobrada e os processos educativos exigem mais atenção, mais constância, mais inteligência, não permitindo que as decisões sejam tomadas movidas pela irritação, pelo cansaço, pela chantagem, pela raiva ou pela parcialidade. Nestes casos, o exemplo de união e respeito entre os genitores igualmente se transforma em equilíbrio e base de segurança para os filhos, aqueles que se apresentam como irmão em experiência evolutiva (p. 45).

Este equilíbrio deve imperar, por exemplo, para que não seja demonstrada a preferência pelo filho mais equilibrado ou mais gentil, para que os irmãos mais velhos sejam ensinados a cuidar e ajudar no trato com os irmãos menores, naquilo que lhes for possível, aprimorando o afeto que se estabelece no exercício do amparo. A educação moral e espírita torna-se indispensável, uma vez que o conhecimento espírita pode contribuir para o entendimento do contexto em que todos estão envolvidos, facilitando os processos de busca de soluções possíveis e viáveis no conjunto das dificuldades assinaladas.

Logo, aplicados estes dispositivos do amor fraternal em construção, espera-se que, ao longo da existência, os irmãos possam aprimorar o afeto e melhorar a convivência, tornando-a harmônica. Ocorrendo isso, um importante passo dar-se-á para o amor entre os irmãos, que antecipa uma sociedade própria de um novo tempo.

### 2.3 Os arranjos familiares em construção

A proposta deste item é apresentar alguns modelos contemporâneos de arranjos familiares e identificar alguns assuntos que se relacionam com cada modelo, sem esperar ser exaustivo, visto que cada modelo e suas variáveis permitem uma obra específica. Há, pois, muitas maneiras de abordar este tema e, na impossibilidade de tratar de todos, somos novamente levados a fazer escolhas que restringem o tema em estudo e identificam autores ou correntes de pensamento escolhidos *a priori* e com intencionalidade.

Dentre aqueles que poderiam contribuir estão Turkenicz (2012), Therborn (2011) e Jablonski (1991).

Turkenicz (2012) busca apresentar uma visão cronológica da organização familiar ocidental, realçando seus aspectos históricos, sociológicos e psicológicos.

Em sua obra, Therborn (2011) trabalha a partir de dois eixos – sexo e poder – e a comparação entre diversas sociedades nos anos de 1900 e 2000. Uma análise comparativa de sociedades em um espaço de tempo de um século. Por sua vez, Jablonski (1991 e 1998 – 2ª edição revista e ampliada) apresentará os resultados e análise de pesquisa realizada no Rio de Janeiro. Segundo Aroldo Rodrigues, no Prefácio, trata-se do "primeiro trabalho empírico, conduzido no Brasil, com a finalidade de verificar vários aspectos relativos ao casamento e, ainda, procurar estabelecer possíveis causas para o problema da crescente fragilidade do vínculo matrimonial em nossa época" (1991, p. 10). Esta foi a publicação que nos despertou para o tema em estudo.

O IBGE apresenta-nos alguns números interessantes sobre os casamentos e a formação da família. A idade de casamento de homens e mulheres é uma delas:

Quadro com idade média dos solteiros, por sexo, segundo as Grandes Regiões e Unidades da Federação – 2007

| Grandes Regiões e Unidades da Federação | Idade média dos solteiros, por sexo | |
|---|---|---|
| | Homens | Mulheres |
| **Brasil** | 29 | 26 |
| **Norte** | 30 | 27 |
| **Nordeste** | 30 | 27 |
| **Sudeste** | 29 | 26 |
| **Sul** | 28 | 25 |
| **Centro-Oeste** | 28 | 25 |

Fonte: IBGE, Diretoria de Pesquisas, Coordenação de População e Indicadores Sociais, Estatísticas do Registro Civil 2007.

Se comparados com dados mais antigos, percebe-se que os casamentos estão acontecendo entre cônjuges de idade mais avançadas. E como estamos tratando por médias, é certo que há jovens que se casam abaixo deste valor médio, assim como há aqueles chamados casamentos tardios e os re-casamentos.

Em recente publicação, o Portal G1[*] repercute pesquisa do IBGE sobre o perfil das famílias, tendo como referência os anos de 2005 e 2015. A chamada é, por si só, impactante: "Em 10 anos, Brasil ganha mais de 1 milhão de famílias formadas por mães solteiras". As informações estão explícitas nos gráficos a seguir:

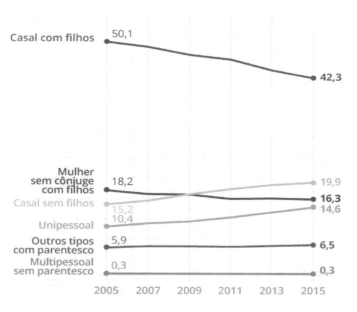

**Os tipos de família no Brasil**
Percentual de mães solteiras (mulher sem cônjuge com filhos) caiu; arranjos de pessoas morando sozinhas (unipessoal) e de casais sem filhos aumentaram

em %

| | 2005 | 2015 |
|---|---|---|
| Casal com filhos | 50,1 | 42,3 |
| Mulher sem cônjuge com filhos | 18,2 | 19,9 |
| Casal sem filhos | 15,2 | 16,3 |
| Unipessoal | 10,4 | 14,6 |
| Outros tipos com parentesco | 5,9 | 6,5 |
| Multipessoal sem parentesco | 0,3 | 0,3 |

FONTE: IBGE

G1         Infográfico elaborado em: 11/05/2017

---

(*) Disponível em: <http://g1.globo.com/economia/noticia/em-10-anos-brasil-ganha-mais-de-1-milhao-de-familias-formadas-por-maes-solteiras.ghtml>. Acesso em: 24/05/2017.

Chama a atenção a queda percebida em casal com filhos e a ascensão do número de famílias formadas por casal sem filhos e também as do tipo unipessoal.

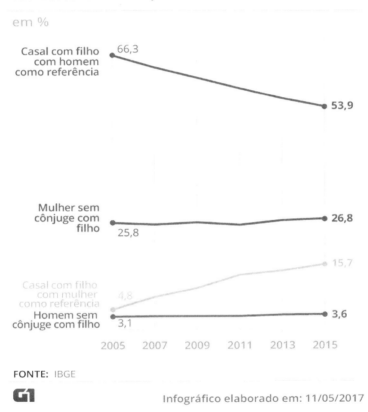

No gráfico anterior é possível perceber quanto a figura da mulher se consolida como referência, inclusive financeira, no grupo familiar a que pertence.

Neste trabalho, trataremos das famílias nucleares, das famílias recompostas e das famílias monoparentais. Deixaremos de tratar, pelas especificidades que são portadores e cujo tratamento solicitaria mais extenso texto, das famílias homoparentais,[11] anaparentais[12] e unipessoais.[13]

## 2.3.1 Famílias: urbanização e modernização

Quando Jablonski (1991, p. 46) trata deste tema, ele apresenta os estudos datados de 1982, o que deixa claro que o fenômeno não é recente. Ele lembra Tamara Hareven, da Universidade de Harvard, quando escreve que as características da família urbana/moderna são únicas: Estrutura simplificada, basicamente nuclear, fertilidade e outros assuntos decididos pelo casal e não pela tradição, distinção entre a família dos pais (família de orientação) e a sua própria (de procriação), baixa integração entre os parentes, relações familiares menos autoritárias, enfraquecimento da autoridade paterna. De alguma forma, Hareven (1982) acompanha os célebres estudos de Émile Durkheim,[14] nos idos de 1900.

O mesmo autor chama a atenção para as características que marcam o que chamou de modernização da família:

---

11. Neste trabalho definiremos família homoafetiva como aquela formada por casal do mesmo sexo, tendo como base o conceito de homoafetividade de Diniz (2000). Ver também, da mesma autora, *Família Homoafetiva*: <http:// www.mariaberenice.com.br/uploads/44_-_a_fam%EDlia_homoafetiva.pdf>.

12. Neste trabalho definiremos família anaparental como aquela que se constitui basicamente pela convivência entre parentes ou pessoas – mesmo que não parentes – sem vínculo sexual e pela inexistência de pais.

13. Neste trabalho definiremos família unipessoal aquela composta por apenas uma pessoa.

14. Considerado um dos pais da sociologia moderna, nasceu em Épinal, em 15 de abril de 1858, e morreu em Paris, em 15 de novembro de 1917.

a industrialização, que operou mudanças nas rotinas internas das grandes famílias; a urbanização, como efeito secundário do primeiro e também pela tendência de buscar novas oportunidades de emprego, de estudo, de oportunidade etc. nas grandes e médias cidades e suas periferias; mudança nos perfis socioeconômicos, como escolaridade, comunicação de massa etc. (ainda sentido recentemente com o surgimento da nova classe média, em que 30 milhões de brasileiros ascenderam a essa classe social) e, por último, mas não menos importante, a valorização de atitudes que realçam o indivíduo e a individualização (contrariando a tradição, a obediência religiosa, a submissão ao casamento como instituição etc.).

A família, segundo ainda Jablonski (1991), sofreu mudanças importantes quando, ao longo do tempo, foi perdendo algumas de suas funções históricas que davam sustentação aos seus numerosos membros: a família era um local de trabalho e, com os processos de industrialização e adensamento demográfico, seus membros foram buscando trabalho fora dos limites da família; era um reformatório, onde se processava a educação e a re-educação necessária àqueles que de alguma forma não correspondiam ao modelo social vigente; era um asilo, visto que as grandes famílias não abriam mão de receber e manter seus "velhos" e, assim, era de se esperar que eles vivessem e morressem em família; era uma escola na acepção clássica do termo, visto que era aí que muitos recebiam as primeiras letras antes de seguirem para as escolas, enquanto outros atravessavam a vida somente com os conhecimentos que podiam obter em suas famílias; era um hospital onde se tratavam os doentes familiares de toda sorte, e, também, acumulava-se a função de fábrica de remédios, em geral aprendidos e transmitidos pela tradição; era, ainda, um fábrica de alimentos, visto que das terras da família se retirava tudo, ou quase tudo, usado na subsistência da família e, por fim, era uma fábrica de vestuários, onde especialmente as mulheres e os serviçais se ocupavam de produzir todo o tipo de roupa que os membros usavam nas mais diferentes ocasiões.

O adensamento urbano levou ao surgimento de atividades comerciais organizadas e a "linha de produção" barateou a produção de peças das mais diversas, bem como de alimentos. Roupas, alimentos, remédios etc. passaram a ser produzidos pelo mercado, que abria vagas de novos empregos. Por outro lado, as políticas públicas de educação, assistência e saúde interferiam na vida das famílias, obrigando-as a mandarem seus filhos à escola na idade definida por lei, oferecendo ações de saúde, de acolhimento etc. Esses fatos, entre outros certamente, acarretaram o esvaziando das funções tradicionais da família, que foram transferidas para o Estado ou para o Mercado.

Os aglomerados urbanos passam a influir nas relações entre os membros da família. Os novos casais passam a buscar residência própria. Os meios de transporte e a popularização dos meios de comunicação permitem que os filhos morem em locais um pouco mais distantes que antes, quando se caracterizava a moradia na mesma casa ou nas cercanias da casa dos pais. Nesse sentido, os encontros de domingo passam a ser o momento de maior convívio entre os membros da família.

Jablonski (1991) insistirá na mudança da família como ente de sobrevivência de seus membros. O autor lembra que a modernidade dispensou a família da função de garantidora da sobrevivência e o Estado absorveu diversas destas funções. Lembra, ainda, que Philipe Ariès, conhecido historiador francês, em entrevista datada de 1975, diz que "há até duzentos anos a função básica da família era econômica, e não sentimental" (p. 55). Quando o Estado passa a cuidar de algumas dessas funções, realça o autor, surge a possibilidade de se valorizar o afeto, em vez de somente a sobrevivência.

### 2.3.2 Famílias nucleares e a busca da individualização

As famílias, ao longo das últimas décadas, abandonaram a característica geral de famílias ampliadas, que reunia um grande número de membros de diversas gerações para fortalecer o modelo de família nuclear ou restrita, formada basicamente por pai, mãe e filho(s). Alguns fatores marcaram esse processo de transformação e podem ser apresentados aqui de forma objetiva. São eles: a diminuição no número de membros da família, a redução da taxa de nupcialidade legal[15] e o foco na individualização.

O estudo do IBGE 2010 (p. 99) apresenta interessantes dados, que passaremos a apresentar a fim de modelar a família contemporânea e suas possíveis características. De 1999 para 2009, o número médio de pessoas na família caiu de 3,4 para 3,1. Entre as famílias mais pobres, com renda mensal *per capita* de até ½ salário mínimo, o número médio de pessoas por família chega a 4,2.

No período de 2001/2011, há um aumento na proporção de casais sem filhos (de 13,8% para 18,5%) e, consequentemente, uma redução de casais com filhos, passando de 53,3% para 46,3%.

---

15. A taxa de nupcialidade legal é obtida pela divisão do número de casamentos pelo de habitantes e multiplicando-se o resultado por mil.

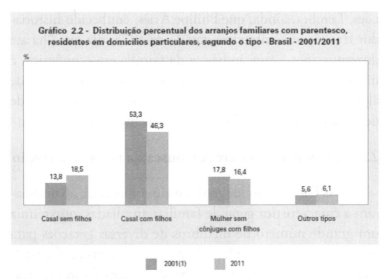

Fonte: IBGE, Pesquisa Nacional por Amostra de Domicílios 2001/2011.
(1) Exclusive a população rural de Rondônia, Acre, Amazonas, Roraima, Pará e Amapá.

Numa primeira análise, tem-se uma manifestação dos interesses dos casais na manutenção dos casamentos. Um número crescente de casais sem filhos e a redução do número de casais com filhos podem demonstrar os motivos que os levam a buscar e manter um casamento.

A benfeitora Joanna de Ângelis (2008), dissertando sobre os filhos, escreverá que:

> Exceto quando o egoísmo calculista opta pela ausência dos filhos na união dos indivíduos, que procuram somente desfrutar do prazer da convivência e do relacionamento sem a responsabilidade da reprodução, toda união sexual deve pautar-se na expectativa de gerar descendentes (p. 36).

A taxa de nupcialidade legal no Brasil apresentou, se considerado o período recente, em 2008, o seu maior índice desde 1995. De acordo com o estudo da Síntese de Indicadores Sociais 2010 (IBGE), a taxa chegou a 6,7 por mil, entre a população com mais de 15 anos. O Gráfico (2.12) a seguir reproduz o comportamento da taxa de nupcialidade de 1974 a 2010 (IBGE, 2012).

Fonte: IBGE, Estatísticas do Registro Civil 1974-2010; Projeção da População por Sexo e Idade para o Período 1980-2050; e Censo Demográfico 2010.

Quando desdobramos esses dados e os estudamos por faixa etária, temos um retrato interessante do comportamento do brasileiro e os diferentes padrões de casamento em nosso país. Considerando as mulheres, em 2008, a maior taxa foi encontrada entre as mulheres de 20 a 24 anos (29,7%), seguido pela faixa de 25 a 29 anos (28,4%). Importante realçar a inversão de tendência de 1999 para 2008, quando observamos que, em 1999, os casamentos entre mulheres de 15 a 19 anos faziam parte do segundo grupo e atualmente passou a ser o terceiro grupo. Aliás, o gráfico demonstra que aumentou o número de casamento para mulheres com mais idade, o que é desejável, visto que casamento é uma decisão a ser tomada por valores que não estão, em geral, maduros na juventude (IBGE, 2010).

Fonte: IBGE, Estatísticas do Registro Civil 1999/2008 e Projeção da População do Brasil por Sexo e Idade para o Período 1980-2050. Revisão 2008.

No que se refere à taxa de nupcialidade masculina, o fenômeno é semelhante. Há um decréscimo nas faixas etárias de 15 a 19 e 20 e 24 anos e aumento em todas as faixas de média de idade superior.

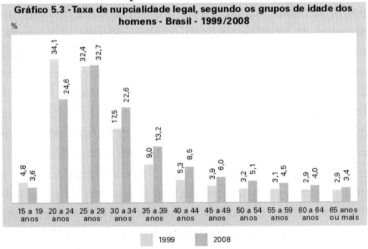

Fonte: IBGE, Estatísticas do Registro Civil 1999/2008 e Projeção da População do Brasil por Sexo e Idade para o Período 1980-2050. Revisão 2008.

O crescimento da taxa de nupcialidade legal está fortemente associado à elevação dos recasamentos. Eles representaram, em 2008, 17,1% do total das uniões formalizadas em cartório, contra 10,6%, em 1999. Esse aspecto é percebido na comparação da taxa de nupcialidade na faixa superior a 55 anos entre homens e mulheres: a taxa masculina é quase o dobro da feminina, o que pode ser explicado pelo recasamento, em geral com mulheres de faixa etária inferior.

Jablonski (1991) chamará a atenção para o fenômeno envolvendo a diminuição da taxa de mortalidade infantil e a capacidade das famílias de escolherem quantos filhos querem ter com alguma segurança de que permanecerão vivos. Lembra que era comum, no interior do país, que as crianças não tivessem nome até que "vingassem", ao completar, pelo menos, um ano de idade. Por sua vez, a chegada dos antibióticos, das ações de saúde pública, do saneamento básico, do maior e melhor esclarecimento da população fizeram com que as "crianças da cidade" sobrevivessem e, com isso, não era necessário ter muitos filhos, mas sim o número razoável para que fossem "bem criados" dentro dos limites do orçamento doméstico. Ainda temos como consequência direta a presença da criança na família, que lhe oferece alguma estabilidade e diminui a possibilidade de separações conjugais.

### 2.3.3 Famílias recompostas e o divórcio

Há em *O Novo Testamento* uma rica passagem na qual Jesus, provocado pelos fariseus, é chamado a responder sobre se é "lícito ao homem repudiar sua mulher" (Marcos, 10:2 e Mateus, 19:3). Jesus, então, relembra Moisés quando este permite que seja dada *carta de divórcio*, conforme está escrito em Deuteronômio (24:1):

> Se um homem tomar uma mulher, casar-se com ela, e esta depois deixar de lhe agradar por ter ele achado nela qualquer coisa indecente, escrever-lhe-á uma carta de divórcio, e lha dará na mão, e a despedirá da sua casa.[16]

Essa temática foi analisada por Allan Kardec, no capítulo XXII – *Não separeis o que Deus juntou*, inserto em *O Evangelho segundo o Espiritismo*. Neste estudo, o codificador reitera que a posição de Moisés – permitindo o divórcio – simplesmente formalizava o que a "dureza dos corações" já havia decretado. Chama a atenção para a observação de Jesus – antes não era assim –, referindo-se ao tempo primeiro quando o egoísmo ainda não imperava nas relações, possivelmente amparado pela *sexualidade* de mesmo calibre. O que não é passível de ser separado é aquilo que está unido pelo **companheirismo**, pelo **afeto**, pelo **respeito**.

Necessário refletir sobre o último versículo de Mateus neste item (19:12): "Porque há inúmeros eunucos[17] que nasceram assim; e há eunucos que pelos homens foram feitos tais; e outros há que a si mesmos se fizeram eunucos por causa do reino dos céus. Quem puder aceitar isso, aceite-o".

Parece-nos que estamos tratando com uma imagem que usa como exemplo o que há de mais material, mais físico, no casamento: o sexo. Ele trata do eunuco – aquele que vive limitações de ordem sexual – em três níveis diferentes. No primei-

---

16. Tradução de João Ferreira de Almeida – edição contemporânea (Bíblia de Referência Thompson).
17. 1. Guardião castrado de um harém. 2. [Figurado] Homem estéril ou impotente para o coito.

ro, informa que há criaturas que reencarnaram com as limitações na área; no segundo, deixa claro que as limitações foram adquiridas ao longo das escolhas feitas nas relações humanas e, por fim, informa que há aqueles que escolheram pelo exercício da vontade a não função reprodutiva, considerando projetos de doação pessoal de largo porte. A esmagadora maioria das criaturas encarnadas habita as duas primeiras faixas: ou traz consigo as limitações para aprender a conviver com elas na atual encarnação, visando a sua superação, ou está criando para si novas questões, visto que não conseguem lidar com as emoções que transbordam na área da sexualidade.

Esses quadros se tornam mais claros quando a veneranda Joanna de Ângelis (FRANCO, 2000a, p. 184) nos informa que o "matrimônio foi estabelecido como forma de frear os abusos e dilacerações afetivas que eram perpetrados sem a menor consideração pela realidade emocional". A benfeitora completará escrevendo que a "ausência de dignidade nos relacionamentos conspirava contra o equilíbrio e a ordem social [...]. O matrimônio passou a direcionar melhor as uniões físicas, desde que, concomitantemente, existissem os compromissos afetivos" (p. 184). Realça, ao longo de seu texto, que o matrimônio é uma instituição humana que serve para atender aos mais diversos interesses ao longo da história.

Os historiadores da família, como Turkenicz (2012), apresentam a mesma linha de argumentos quando descrevem as etapas históricas do casamento. Esse autor inicia sua narrativa, aqui sintetizada, com os esforços da Reforma Protestante, quando lembra as palavras de Philippe Ariès sobre o assunto: "Assim, o individualismo e o foro íntimo estão no âmago da teologia reformada" (p. 186), visto que a Reforma preconizava a oração individual e o exame de livre consciência, em

## Alvaro Chrispino

contraponto aos rituais públicos da tradição católica romana. Escreve Turkenicz (2012):

> A Reforma deixava de considerar o casamento como um sacramento, ou seja, um mistério poético que via na união dos cônjuges a presença da própria criação. O pensamento da reforma, mais prático, considerava-o uma vocação leiga que devia ser regulada pelo bom senso. Só poderia ser contraído por dois adultos responsáveis. E se originasse muito conflito e desentendimento, admitia-se o divórcio. Já não era mais a prece, mas a regulação moral da vida laica, que vinculava o crente com Deus (p. 186).

Não tardou e tivemos a chamada Contrarreforma, que culminou na convocação do Concílio de Trento, em 1545 e que durou até 1563. Dentre as muitas decisões deste Concílio, importa-nos aqui aquelas que tratam do regramento do casamento, discussão ocorrida na 24ª sessão e que perdurou por todo o ano de 1563. Na ocasião, foram promulgados 12 cânones e um "decreto" versando sobre a reforma do casamento (TURKENICZ, 2012, p. 188). Aqui a rigidez era maior.

Os aspectos religiosos são, hoje ainda, importantes variáveis no que se refere ao casamento e às separações. Jablonski (1991) informa que é maior a incidência de separações em casais formados por um ou mais "não religiosos", e que os divórcios entre parceiros conjugais inter-religiosos são quatro vezes maiores do que naqueles casamentos formados por parceiros infrarreligiosos.

Em *Jesus e o Evangelho à luz da Psicologia Profunda*, a veneranda Joanna de Ângelis (FRANCO, 2000a, p. 187) é objetiva quando escreve que:

> Felizmente o divórcio veio terminar com a incômoda situação das uniões infelizes, facultando a transformação do tipo de relacionamento conjugal em outras expressões de amizade e de consideração de um pelo outro parceiro, que as circunstâncias conduziram à mudança de compromisso, especialmente quando

existem filhos, que não podem ser relegados à orfandade de pais vivos por desinteligência dos mesmos.

Considerando a gravidade da decisão da separação – e também a maneira como ela se processa –, que leva a perda dos investimentos empreendidos no planejamento reencarnatório, visto que o "matrimônio em linhas gerais é uma experiência de reequilíbrio das almas no orçamento familiar" (FRANCO, 1978, p. 140), a benfeitora retoma o assunto das separações de forma detalhada na obra *Encontros com a paz e a saúde* (FRANCO, 2007, cap. 5), aprofundando a análise nas separações (i) masculina, (ii) feminina e na que chamou de (iii) harmônicas.

Retomará a mesma tônica em *Libertação pelo amor* (FRANCO, 2005, cap. 23), na qual podemos extrair a frase síntese deste tema: "Se alguém não pode mais ficar vinculado a outro coração, é necessário que siga adiante, levando as lembranças felizes, enriquecido de gratidão por tudo quanto vivenciou, continuando o relacionamento agora sob outra condição" (p. 151).

Logo, ao retomarmos o tema da família recomposta, o faremos com a visão mais dilatada em torno das questões reencarnatórias que envolvem os matrimônios. Além da figura dos eunucos – os que vêm com os problemas desde antes, os que os alimentam aqui e os que fizeram opções pelo não matrimônio por motivos altruístas –, precisamos considerar que há sim planejamento prévio de matrimônios, mas as trajetórias dos futuros cônjuges e suas escolhas estão amparadas pelo livre-arbítrio e não pelo determinismo. No Mundo espiritual, os futuros cônjuges marcaram um encontro, mas o encontro pode não acontecer por ausência de um deles, que optou por tomar outro rumo.

Sendo assim, a negação da infelicidade e a busca pela relação lastreada na afetividade justificam a possibilidade do divórcio e a existência de recasamentos em número crescente na sociedade contemporânea, conforme o Gráfico 5.4. (IBGE, 2010).

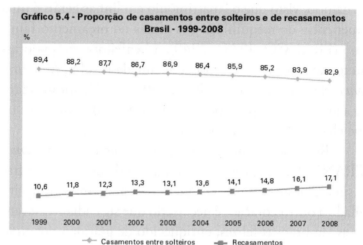

Gráfico 5.4 - Proporção de casamentos entre solteiros e de recasamentos
Brasil - 1999-2008
Fonte: IBGE, Estatísticas do Registro Civil 1999-2008.

Os dados sobre as dissoluções formais dos casamentos revelaram a estabilidade das separações e o contínuo aumento dos divórcios (Gráfico 5.5). Entre 1999 e 2008, a taxa de separações variou de 0,95 para 0,80. Já a taxa de divórcios passou de 0,46 em 1984 para 1,52 em 2008 (IBGE, 2010).

O aumento do divórcio levou à formação de novos arranjos familiares. Quando os indivíduos separados ou divorciados iniciam uma nova união, formam um novo arranjo denominado "famílias reconstituídas", especialmente no caso da presença de crianças. Segundo levantamento, 69% dos casais que se separam têm, pelo menos, um filho.

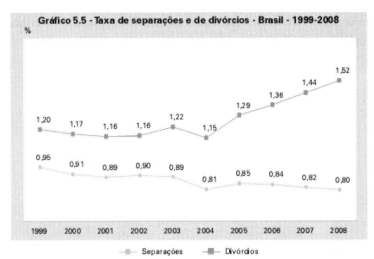

Segundo o IBGE (2008), entre os recasados, a proporção foi significativamente mais elevada para o arranjo conjugal formado por homem divorciado e mulher solteira, atingindo 6,5% dos casamentos. A composição oposta, ou seja, mulher divorciada e homem solteiro, representou 3,3% das uniões formalizadas. Quando os dois eram divorciados, a proporção chegou apenas a 2,2%. Neri (2011), ao escrever sobre a importância das crianças na economia de casamentos e das separações, informa que a existência de filhos é um fator estabilizador das relações. Da mesma forma que a existência de filhos é um limitador de novas relações, especialmente para as mulheres separadas com filhos. "Isto é, o arranjo caracterizado no filme *Os meus, os seus e os nossos*[18]

---

18. Refere-se ao filme produzido em 2005, dirigido por Raja Gosnell, com Dennis Quaid e Rene Russo. Frank Beardsley (Dennis Quaid) é um viúvo que tem oito filhos. Ele reencontra Helen North (Rene Russo), sua namorada na adolescência 30 anos antes. Helen também é viúva e tem 10 filhos. Sem somar os filhos de ambos, eles decidem se casar...

seria mais vulnerável do que o de relações quando os filhos naturais convivem com ambos os pais" (p. 235).

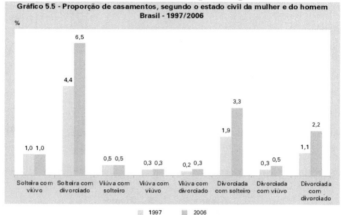

Fonte: IBGE, Diretoria de Pesquisas, Coordenação de População e Indicadores Sociais, Estatísticas do Registro Civil 1997/2006.

Os dados apresentados anteriormente merecem de nós análise sob o ponto de vista socioeconômico, mas também espiritual.

Há uma crescente taxa de separações e divórcio. Isso demonstra uma insatisfação com o modelo vivido de casamento (por diversos motivos), e isso não significa que seja diferente de antes. Antes, é possível imaginar que existia a insatisfação sem a possibilidade da separação. Afinal, dizia-se que o casamento era para sempre!

### 2.3.4 Famílias monoparentais[19] e a solidão

Dois fatores devem ser lembrados quando estudamos as famílias monoparentais: o divórcio e a emancipação feminina nos seus mais variados aspectos.

---

19. Neste trabalho definiremos família monoparental ou unilinear como aquela que "desvincula-se da ideia de um casal relacionado com seus filhos, pois estes vivem apenas com um dos seus genitores, em razão de viuvez, separação judicial, divórcio, adoção unilateral, não reconhecimento de sua filiação pelo outro genitor, produção independente, etc.", conforme Diniz (2002, p.11).

O surgimento do divórcio permitiu que as mulheres pudessem escolher entre viver um casamento ruim ou continuar sem a figura do cônjuge. É certo que isso se tornou possível quando a mulher pôde optar pelo rompimento dos laços conjugais dando manutenção à dignidade, superando o período em que ser desquitada era algo que depunha contra a mulher.

A Pesquisa Nacional por Amostra de Domicílio, de 2007, foi capaz de comparar os diversos arranjos (Gráfico 9.3) e demonstrou que a maioria dos homens são casados e com filhos (64,9%), enquanto a maioria das mulheres são aquelas sem cônjuge e com filhos (52,9%). Essa diferença de perfil pode ser explicada pela capacidade, ou característica, que os homens possuem de buscar novos casamentos, como será visto a seguir.

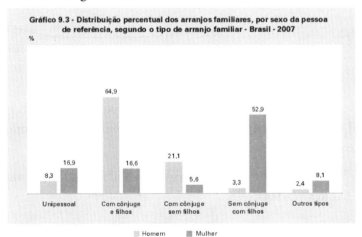

Essas marcas da sociedade moderna – a separação e o individualismo – somadas às mudanças socioeconômicas (mulheres com salários que as permitem suportar as consequências de um divórcio, diminuição do preconceito para com os separados, proteção do Estado para o direito à pensão alimentícia e regras de convivência pós-separação etc.) podem explicar este tipo de desenho social e o surgimento de novos arranjos de família, muitos não imaginados até bem pouco tempo atrás.

É certo que essa diferença de perfil entre homens e mulheres já denota que ambos encaram diferentemente a separação e os recasamentos. Ao tratar da solidão que envolve essas pessoas, Neri (2005) traz interessante gráfico que representa as diferenças entre homens e mulheres solitários ao longo de suas vidas.

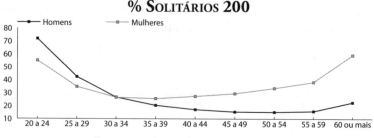

Fonte: CPS/IBRE//FGV a partir dos Censos do IBGE.

O estudo de Neri (2005, 2011) aponta, de modo geral, alguns procedimentos conjugais distintos entre homens e mulheres:

- Elas atingem maiores taxas de solidão em idades mais avançadas.

- Eles são mais sozinhos na juventude, caminhando em direção ao matrimônio ao longo do ciclo da vida.

- A partir dos 35 anos de idade, a cada ano, a diferença entre as taxas de solidão de mulheres e homens cresce – em média – 1 ponto percentual.

- Na casa das pessoas com mais de 60 anos, a taxa de solidão entre as mulheres chega a 2,6 vezes à dos homens.

- Existem algumas explicações para isso:

  – O fato de as mulheres viverem cada vez mais que os homens;

  – A maior preferência de mulheres por homens mais velhos e melhor ou tão bem-sucedidos quanto elas próprias; enquanto os homens separados tendem a buscar mulheres mais jovens. Pesquisa realizada por Ailton Silva,[20] "do departamento de psicologia experimental da Universidade de São Paulo, indica que homens que se casam na faixa dos 60 anos escolhem uma parceira, em média, catorze anos mais nova".

  – A maior independência econômica feminina conquistada nos últimos anos.

- A solidão é mais presente entre as mulheres com melhor situação socioeconômica, ou seja, as solteiras, separadas e viúvas costumam possuir, comparando com a média das mulheres brasileiras, mais empregos, melhores salários e um nível de escolaridade maior.

- Observa-se que a possibilidade de uma mulher desacompanhada ter mais de 12 anos de estudo é de quase 70% superior do que para as sem instrução.

- A chance de encontrarmos mulheres solitárias nas capitais é mais elevada (142% maior) do que nas áreas rural e metropolitana (98% maior), dada a maior independência econômica feminina, principalmente nos maiores centros.

---

20. Monica Weinberg e Erin Mizuta. *Veja on-line.* Edição 1902, de 27/04/2005: <http://origin.veja.abril.com.br/270405/p_126.html>. Acesso em: 21/02/2013.

Damasceno e Schmidt (2013) repercutem em reportagem de *O Globo* um estudo realizado pelo IPP-Instituto Pereira Passos, órgão de estudos da prefeitura do Rio de Janeiro, que, partindo dos Censos de 2000 e 2010, mostra a força das mulheres na formação e sustento das famílias. O estudo informa que a média brasileira indica que as mulheres são *chefes de família* em 38,7% das residências. Quando este desenho familiar é desdobrado por capitais, temos o Rio de Janeiro com 46,5%, São Paulo com 44,1%, Vitória com 43,5% e Belo Horizonte com 43,6%. Duas inferências possíveis: as mulheres incorporam os filhos resultantes de seus relacionamentos, os homens não; e a força e importância das avós na constituição de novos modelos familiares, visto que elas são mães "pela segunda vez", por isso, cuidam de seus filhos já adultos e dos filhos de seus filhos.

O quadro a seguir espelha as diferenças entre mulheres solitárias e acompanhadas nos anos de 1970 e 2000. Percebe-se que há um aumento da porcentagem de mulheres solitárias e um declínio da porcentagem de mulheres acompanhadas.

Por conta desses dados, pode-se inferir que há um fenômeno de formação de famílias monoparentais na qual a figura principal é a mulher.

Esse fato social não pode ser desconsiderado quando se analisa o perfil das famílias brasileiras. O estado de mulher solitária resulta de um longo processo de libertação de tradições infelizes, geralmente de bases machistas, mas que marcaram os tempos até recentemente.

Libertar-se do jugo de um mau casamento, de um companheiro que produz infelicidade, de uma sexualidade que não lhe atenda a sensibilidade é uma conquista, refazer relações em bases diferenciadas e com outras expectativas parece não ser tão simples.

Famílias(s): uma visão espírita sobre os novos arranjos e as velhas buscas

## Situação conjugal das mulheres – 1970 e 2000

| | Total | | Geração Leila 25 a 29 anos | | 55 a 59 anos |
|---|---|---|---|---|---|
| | 2000 | 1970 | 2000 | 1970 | 2000 |
| **Solitárias** | 38,38 | 35,47 | 34,75 | 28,97 | 38,27 |
| Descasadas | 6,97 | 4,13 | 3,80 | 3,01 | 10,59 |
| Separadas | 2,83 | 3,78 | 1,77 | 2,79 | 4,24 |
| Desquitadas | 2,26 | 0,35 | 1,23 | 0,22 | 3,40 |
| Divorciadas | 1,88 | 0,00 | 0,80 | 0,00 | 2,94 |
| Solteiras | 22,51 | 20,68 | 30,59 | 25,02 | 11,61 |
| Nunca tiveram união | 16,64 | | 24,13 | | 6,15 |
| Já tiveram união | 5,88 | | 6,46 | | 5,46 |
| Viúvas | 8,90 | 10,65 | 0,36 | 0,94 | 16,07 |
| **Acompanhadas** | 61,62 | 64,43 | 65,25 | 70,96 | 61,73 |
| Casadas no civil e religioso | 31,46 | 42,08 | 24,15 | 44,54 | 41,73 |
| Casamento só no civil | 10,90 | 8,75 | 12,59 | 10,79 | 8,95 |
| Casamento só no religioso | 2,73 | 9,20 | 2,85 | 10,29 | 3,57 |
| Unidas consensualmente | 16,53 | 4,39 | 25,67 | 5,34 | 7,47 |

Fonte: CPS/IBRE/FGV processando os microdados do Censo Demográfico/IBGE.

Sobre a capacidade de sair de um relacionamento tumultuado por diversos motivos, escreve a benfeitora (FRANCO, 2007, p. 104) que "os danos psicológicos marcam significativamente mesmo aqueles que se creem vitoriosos quando saem desses relacionamentos tumultuados".

Esse quadro – o da história das relações construída a partir de diferenças estabelecidas pelo preconceito histórico – é o exemplo típico da submissão à chamada *memória da sociedade*... Sofremos ou nos deixamos subjugar por algo que vem sendo alimentado e transferido de geração a geração. Reproduzimos no campo social e familiar sem críticas ou análises, ora como vítimas, ora como algozes executores. Quando desenha esse quadro histórico, a benfeitora é enfática ao propor que a mudança se inicia por uma nova linguagem libertadora. A palavra veste o pensamento, que se torna uma memória acumulada, que se manifestará em palavras que perpetuarão os problemas. O primeiro passo para esta *nova linguagem libertadora* é o autoconhecimento, que permite a definição do que se acredita ser a felicidade possível, que merece ser perseguida por cada qual (FRANCO, 1990, p. 115-116).

### 2.4 O ENSINO DOS ESPÍRITOS EM FACE DOS FATOS

A leitura atenta das orientações espirituais em torno da família leva-nos a certeza de que o homem vem progredindo, mesmo que lentamente, no aprimoramento deste espaço de aprendizagem socioespiritual.

Desde as primeiras manifestações primitivas que procuraram dar conta da necessidade manifestada pelo instinto gregário, os homens vêm sendo levados a estabelecer regras de convivência familiar próprias a seu estado evolutivo ou de acordo com os valores que o grupo social a que fazem parte elegeu como norteadores para suas vidas.

Quanto a isso, parece que não há maiores questões!

Esclarecidos pela visão espírita de homem e de mundo, de justiça e de imortalidade, somos ainda envolvidos pela imensa quantidade de informações organizadas disponibilizadas pelos sistemas informatizados e pela Internet. Visto por este ângulo, pode parecer que as dificuldades não possuem solução imediata. Talvez assim seja! O que não pode acontecer, nem por um momento sequer, é imaginar que o "barco está à deriva"!

Diz-nos Joanna de Ângelis (FRANCO, 2008, p. 190) que "nada se perde em a Natureza, especialmente no que diz respeito aos investimentos do amor". Ocorre que:

> Somente reduzido número de pessoas se prepara, convenientemente, antes de intentar o consórcio matrimonial; a ausência deste cuidado, quase sempre, ocasiona o desastre imediato de consequências lamentáveis. (ÂNGELIS; FRANCO, 1974, p. 106.)

Neste ponto, é indispensável o esclarecimento quanto à importância da família e, por conseguinte, do casamento na vida física, considerando que ainda existe a ideia equivocada de que o casamento é um acontecimento determinístico na vida das criaturas; que ele está rigidamente definido; que é um evento que devemos esperar surgir e que devemos deixar-nos levar pela vida, quando nele estivermos. Esses equívocos doutrinários precisam ser superados.

Em nosso trabalho anterior (CHRISPINO, 2013), tivemos a oportunidade de apresentar interessante entrevista de Divaldo Franco (CARVALHO, 2006), que esclareceu sobre serem os casamentos e nascimentos programados rigidamente, estudando a questão pela ótica do *princípio*, e não da *fatalidade*. Explica-nos ele:

> O casamento obedece a vários critérios. Existem almas com as quais nos encontramos vinculados e com as quais formulamos propostas para determinadas tarefas, sendo, uma delas, a eleição para nos acompanhar na marcha da evolução, através do matrimônio. Mas isso não nos é imposto. Ao chegarmos à Terra e mergulharmos no oceano do esquecimento, nossas opções podem variar. A precipitação, decorrente da imaturidade, vai eleger a pessoa equivocada, tentando, depois de uma larga experiência no insucesso, partir para a experiência ditosa, que nem sempre se concretiza (p. 36).

Daí, é perfeitamente válida a proposta de uma análise a respeito da procriação, um estudo que merece preocupação séria dos nubentes, para programarem a família, não dentro dos critérios egoísticos, mas dos de equilíbrio, a fim de poderem manter um clã feliz. Para tanto, é necessário dispor de sabedoria, como ensina a Doutrina Espírita, elegendo o cônjuge pelo sentimento, pela razão, pelos valores da alma, e não somente pela atração sexual (p. 36) [ou pelo dinheiro ou poder que possua].
Não estamos programados para ter tantos filhos, porque seria uma fatalidade que não nos daria outra opção. Dentro das nossas necessidades cármicas, temos um programa que pode sofrer alteração. Nesse esforço, o nosso mérito poderá brindar-nos com mais ou menos possibilidades de autorrealização ou de plenificação, nesta ou naquela área. Daí, deveremos ter os filhos que possamos manter, educar, não apenas nos reproduzirmos e deixarmos que, através da reencarnação, em vez desses Espíritos adquirirem recursos para evoluir, mais se compliquem, particularmente, reencarnem-se em lugares cujos fatores criminógenos possam contribuir, psicologicamente e sociologicamente, para processos degenerativos, desequilibrados e perturbadores (p. 34-35).
Pela mesma razão, o casamento não é uma imposição, onde se determine casar com essa ou aquela pessoa. Há uma livre opção. [...] É necessário convir que a precipitação leva a resultados não programados, e a ausência de decisão faz que sejam alteradas as leis do equilíbrio (p. 35).

Escreve a veneranda Joanna de Ângelis (FRANCO, 2008, p. 22) sobre este mesmo tema que

Organizada, a família, antes da reencarnação, quando são eleitos os futuros membros que a constituirão, ou sendo resultado da precipitação e imprevidência sexual de muitos indivíduos, é sempre o santuário que não pode ser desconsiderado sem graves prejuízos para quem lhe perturbe a estrutura.

Parece ficar claro que, primeiro, há duas vias possíveis de formação da família: a planejada anteriormente e a acidental. E, também, fica claro que qualquer que seja a via de acesso à família, ela precisa ser considerada na sua função principal. Essas possibilidades se justificam pelo fato de que as decisões que se constituem ou resultam nas rotinas chamadas provacionais são mais sensíveis às decisões cotidianas das criaturas, diferenciando-se dos fatos que são chamados de expiatórios, que devem alcançar as criaturas por conta de contingências educacionais necessárias e que estão fora do alcance comum das decisões, mas não desconectadas da lógica de Justiça Divina amorosa que sempre preside nossos destinos. Sobre essa diferença, cujo melhor entendimento nos remete a necessidade de refletirmos sobre as nossas próprias escolhas, a benfeitora Joanna de Ângelis escreve que:

> A provação é experiência requerida ou proposta pelos guias espirituais antes do renascimento corporal do candidato, examinadas as fichas de evolução, avaliadas as suas probabilidades de vitória e recursos ao seu alcance para o cometimento. Apresenta-se como tendências, aptidões, limites e possibilidades sob controle, dores suportáveis e alegrias sem exagero, que facultem a mais ampla colheita de resultados educativos. Nada é imposto, podendo ser alterado o calendário das ocorrências, sem qualquer prejuízo para a programação iluminativa do aprendiz. [...]
>
> As expiações, todavia, são impostas, irrecusáveis, por constituírem a medicação eficaz, a cirurgia corretiva para o mal que se agravou. (FRANCO, 2012, p. 26 e 28.)

Sobre este tema, vale lembrar o ensinamento do Espírito André Luiz, quando de seu estágio descrito em *Os mensageiros*. Surpreso pelo que encontra na organização espiritual no campo da preparação para as futuras encarnações, ouve de Vicente, seu colega de trabalho, que o Ministério do

Esclarecimento possui setores especializados como as escolas para a Maternidade e as escolas para a Paternidade, visto que "grandes massas de irmãos examinam o quadro de tarefas perdidas e recordam, com lágrimas, o passado de indiferença ao dever" (XAVIER, 2002, p. 73). Apesar de haver preparação prévia para as funções a ser desempenhadas no espaço especialíssimo da família, corre-se o risco de nunca formar a família planejada e, formando outra família, não se alcançar o êxito necessário nesta oportunidade.

Assim sendo, o caminho da construção da família pelas vias do casamento é, na verdade, um processo para o qual fomos preparados previamente no Mundo original. Ocorre que o esquecimento do passado é um fato e deixamos transparecer aquilo que efetivamente sentimos e pensamos, bem aquilo que, por afinidade ou por escolha atual, somos capazes de perceber a nossa volta e buscar como objetivo de vida.

Por outro lado, não há escolas de preparação para a formação da família física. Disso decorre que precisamos nos conscientizar que, não tendo preparação escolarizada para o tema, tendemos a multiplicar as experiências aprendidas nos espaços das famílias de origem ou reproduzir, espontaneamente ou por processo inconsciente, aquilo que a sociedade contemplou como ideal para o momento histórico que vivemos. Ao fazermos isso, poderemos escolher um caminho que nos leve a destinos diferentes daqueles que nosso coração planejava nos sonhos iniciais de felicidade.

Quando duas pessoas se buscam para um relacionamento de profundidade, os sentimentos se dispõem a um entendimento mais amplo que, invariavelmente, sofre abalos, à medida que ambos vão se conhecendo, por se descobrirem as limitações, as dificuldades, os desempenhos do outro

Famílias(s): uma visão espírita sobre os novos arranjos e as velhas buscas

aquém do sonhado, ficando evidente o ser real que é o outro em detrimento ao que se idealizava, a taxa de humanidade real contida no outro, causando choque, decepção e desencanto, característicos da imaturidade afetiva de que somos portadores. Passado o momento das sensações iniciais da intimidade, surgem os desafios reais da convivência, exigindo dos cônjuges a tolerância, sem o que, o choque é inevitável e abrirá espaço para a inibição do amor real. O companheirismo é remédio indispensável para este mal (ÂNGELIS, FRANCO, 2003, p. 149).

Dificuldades de comunicação, motivadas pelo desconhecimento das próprias características e pelos recalques da personalidade tão comuns em nós, podem ser semeadura de dificuldades no futuro. O temperamento introvertido provoca o silêncio que não contribui com o relacionamento. O temperamento extrovertido, por sua vez, favorece a superficialidade e a explosão emocional de difícil controle. O diálogo é a solução para a qual, em geral, não nos preparamos para exercitar no espaço doméstico (ÂNGELIS, FRANCO, 2007, p. 101).

A progressão profissional pode ser também um obstáculo à felicidade, por mais que possua seus méritos. O crescimento profissional pode levar à fascinação por novos patamares sociais e econômicos, a novos estágios de convivência social que solicitam novas rotinas, novos grupos, nova dinâmica social, novos símbolos que representem a conquista profissional. Ocupando o tempo e o espaço emocional, o outro cônjuge, que a tudo assiste, é colocado em posição secundária, não partilhando do esforço que consome as energias, por sentir-se também com direito à felicidade, mesmo que de outra forma, não sendo atendido. Instala-se, então, a antipatia, desaparece o interesse sexual, esfria-se a afetividade, esmaece o companheirismo, atribulam-se as rotinas de gestão do lar e da família, culminando na indiferença e no distanciamento de difícil identificação, que culminarão na separação complicada (ÂNGELIS, FRANCO, 2007, p. 103).

A experiência de viver no presente, pensando o futuro, esperando que não haja modificação ou mesmo nutrindo lembranças de experiências passadas, solicitando que estas repitam, tornam o presente um campo de batalha com contínuos e intermináveis combates. "O hoje não pode ser como o ontem e certamente não será igual ao amanhã. Cada época é portadora das suas específicas manifestações, expressando fatores próprios que a caracterizam. [...] O amor somente é válido quando vivido no momento, conforme se apresenta, sem saudades do pretérito nem ansiedade do porvir." (ÂNGELIS, FRANCO, 2005, p. 150-151).

A autora espiritual Joanna de Ângelis, em o *Homem Integral*, (FRANCO, 1990, p. 115-116), apresenta a expressão *memória da sociedade* para referir-se a estereótipos e conceitos agregados à ideia de amor e de relacionamento. São símbolos falsos e/ou inadequados, dinamizados pela palavra que, por sua vez, é um símbolo que veste uma ideia, que formula um pensamento e que retorna como memória acumulada. É indispensável que os cônjuges façam o caminho do autoconhecimento a fim de libertar-se de símbolos resultantes da *memória social*. Escreve-nos ela:

> A solução, para relacionamentos perturbadores, não é a separação, como supõem muitos. Rompendo-se com alguém, não pode o indivíduo crer-se livre para um outro tentame, que lhe resultaria feliz, porquanto o problema não é da relação em si, mas do estado íntimo, psicológico. Para tanto, como forma de equacionamento,

só a adoção do amor com toda a sua estrutura renovadora, saudável, de plenificação, consegue o êxito almejado, porquanto, para onde ou para quem o indivíduo se transfira, conduzirá toda a sua memória social, o seu comportamento e o que é.

Desse modo, transferir-se não resolve problemas. Antes, deve solucionar-se para transladar-se, se for o caso, depois.

São muitos os óbices que surgem no caminho daqueles que, apesar de toda a boa vontade para acertar, não se prepararam para tão grave cometimento. Afinal, "O casamento é contrato de deveres recíprocos, em que se devem empenhar os contratantes a fim de lograrem o êxito do cometimento" (ÂNGELIS, FRANCO, 1974a, p. 73). Ocorre que não houve o ajuste prévio sobre as regras a seguir, sobre os limites a respeitar, sobre o modelo de família a perseguir, sobre o tempo a ser reservado para a atenção necessária à relação e ao outro, etc. Assim sendo, muitas vezes o divórcio é visto como solução para o que já se encontra separado por absoluta incapacidade dos cônjuges de lidarem com a reprogramação da vida conjugal, agora sob outro prisma. Essa decisão pode evitar problemas maiores, como as separações litigiosas, mas não isentará os cônjuges dos resultados futuros da decisão. "Volverão a encontrar-se, sem dúvida, quiçá em posição menos afortunada, oportunamente" (ÂNGELIS, FRANCO, 1974a, p. 73).

Se, ao final de tudo, perceber que não é mais possível que a afetividade impere na relação conjugal, que o companheirismo não anime os momentos de contato ou mesmo que o interesse pelo contato físico foi substituído pela indiferença, reavalia as posições e propõe, sob a ótica da dor pela separação eminente e pela falência dos sonhos por inabilidade

Alvaro Chrispino

e despreparo, repactuar as regras da relação, buscando auxílio na oração e na terapêutica especializada, se necessário.

A família vale o esforço, vale o reconhecimento dos erros, vale a dedicação que pode refazer o estado de alegria indispensável à construção da felicidade conjugal. Afinal, vale a pena aprender a amar, aprender como se ama e aprender como se expressa o amor (ÂNGELIS, FRANCO, 2003, p. 28).

É comum dizer-se, frente aos problemas surgidos em relações duradouras, "que o amor não existe mais e por isso a separação apresenta-se como inevitável. Será o caso, então, de recomeçar-se o amor, desconsiderando os sentimentos feridos e magoados, descobrindo novas fontes de inspiração, particularmente havendo prole para cuidar" (ÂNGELIS, FRANCO, 2003, p. 83).

Não sendo isso possível, diz-nos a benfeitora, liberta aquele a quem ama (FRANCO, 2005, p. 151).

E ensina ainda:

> Pessoas adultas, psicologicamente amadurecidas, agem, portanto, com equilíbrio, sem precipitação, tanto no que diz respeito aos relacionamentos que se iniciam após reflexões e análises cuidadosas, quanto às separações de natureza harmoniosa, como gratidão pelas horas felizes que experimentaram juntos. Com atitudes desse porte, a sociedade preservará sempre os laços de família, havendo ou não prole, como recurso básico para a constituição de grupos felizes, que aprendem a amar-se e a respeitar-se dentro dos parâmetros da liberdade de escolhas afetivas. (ÂNGELIS, FRANCO, 2007, p. 112.)

# 3

# AS VELHAS BUSCAS E O CASAMENTO CONTEMPORÂNEO: TRÊS DIMENSÕES DE ANÁLISE

Partindo de uma visão reencarnacionista, é desnecessário gastar laudas de texto tentando justificar a importância (i) do nascimento no corpo novo (reencarnação) e (ii) da família que recepciona o reencarnante e lhe oferece as melhores condições (físicas, psicológicas, emocionais, sociais etc.) para o pleno desenvolvimento de suas potencialidades, buscando atender ao sentido e significado do projeto anteriormente planejado para a jornada física que lhe é oportunizada.

Sob essa ótica, a família passa a possuir grande valor para a recepção e educação dos espíritos reencarnantes. Estudar, pois, a família desde sua formação, conhecer um pouco mais de suas características e dificuldades, enumerar obstáculos que impeçam a felicidade possível de seus membros, entre outros temas e ângulos, é algo desejável para que cada qual possa preparar-se melhor, visando a formação de sua própria família, em particular, e o entendimento do tema, em geral.

A benfeitora Joanna de Ângelis, ao longo de sua obra *Constelação familiar* (FRANCO, 2008), oportunamente apresenta a família ora como conceito (ideia), ora definição (limites), ora espaço de aprendizado (processo). Quando listamos a sua visão sobre a família, dispersa em vários pontos ao longo da obra, temos uma ideia mais robusta sobre o que falamos.

Vejamos alguns trechos:

> A família é a base fundamental sobre a qual se ergue o imenso edifício da sociedade (p. 9).
>
> [...] A família permanece como educandário de elevado significado para a formação da personalidade e desenvolvimento afetivo, mediante os quais se torna possível ao Espírito encarnado a aquisição de felicidade (p. 15).
>
> [...] O primeiro educandário do Espírito, onde são aprimoradas as faculdades que desatam os recursos que lhe dormem latentes [no Espírito] (p. 21).
>
> A família é sempre o sublime laboratório de caldeamento de Espíritos (p. 37).
>
> A família é a célula *mater* do organismo social, sendo responsável pelas ocorrências grupais da humanidade (p. 177).
>
> As mudanças continuarão ocorrendo, conforme as conquistas de cada época, sem que a família perca seus alicerces de segurança, quais sejam: a fidelidade ao grupo, o amparo recíproco, a proteção, como decorrência do sentimento de amor, preparando a união com as demais associações, na identificação universal (p. 184).

Propomos, neste bloco, estudar a família sob a ótica do casamento ou do casal. É um campo vasto, por isso somos levados a estabelecer desde antes as categorias de análise que limitarão nosso trajeto de estudo, explicitando por antecipação o que será estudado, assumindo a impossibilidade de abarcar toda a ampla gama de possibilidades de análise da grande área que é o binômio família-casamento.

Para fundamentarmos as três grandes categorias que propomos, vamos recorrer a algumas considerações que a benfeitora Joanna de Ângelis nos apresenta em suas diversas obras, listando, recorrentemente, algumas áreas de importância na e para a relação saudável do casal.

Iniciamos com *Constelação familiar*, na qual é destacada a importância do afeto e da convivência em um contexto contemporâneo grave para a família:

> Grande número de genitores, mais preocupados com as profissões, com o sucesso na carreira a que se vinculam, usam o matrimônio como forma de projeção social, em cuja realização foram examinados os interesses patrimoniais e de situação na sociedade, usando o sexo como instrumento de afirmação da personalidade e de manutenção das aparências, sem qualquer compromisso de afeto. Invariavelmente, a união é resultado de impulsos malcontidos, ou apenas legalização de uma convivência que se prolonga no tempo, sem participação dos sentimentos da verdadeira afinidade emocional defluente do amor.
>
> [...] Confundindo sexo com *afeto*, a *convivência* tem a duração da novidade em parceria, logo tombando no tédio, no desinteresse, e mudando de comportamento pela variação de nova companhia, em tormentosa procura de preenchimento do vazio existencial, em solidão acabrunhadora, embora as multidões e os bajuladores que os cercam, caso sejam ricos e poderosos. (FRANCO, 2008, p. 169-170, grifos nossos.)

Já em *Encontro com a paz e a saúde*, a benfeitora retoma a temática para realçar a importância de algumas virtudes que devem ser perseguidas pelo casal:

> A *afetividade* é indispensável para a saúde emocional, quando se apresenta de maneira tranquila e enriquecedora.
> [...] As uniões pela *afetividade* quase sempre expressam necessidades de *relacionamento sexual*, em detrimento de *companheirismo*, de convivência com outrem, de compartilhamento de emoções. (FRANCO, 2007, p. 109, grifos nossos.)

# Alvaro Chrispino

Na obra *Amor, imbatível amor*, a autora espiritual indica algumas áreas que atuam na relação do casal, propondo reflexão quanto a função aglutinadora de cada uma delas, em face de uma pequena, mas importante, lista de obstáculos à vida equilibrada do casal:

> Certamente, nem todos os dias da convivência matrimonial serão festivos, mas isso ocorre em todos os campos do comportamento. Aquilo que hoje tem um grande sentido e desperta prazer, amanhã, provavelmente, torna-se maçante, desagradável. Nesse momento, a *amizade* assume o seu lugar, amenizando o conflito e proporcionando o *companheirismo* agradável e benéfico, que refaz a comunhão, sustentando a afeição.
>
> Em verdade, o que mantém o matrimônio não é o *prazer sexual*, sempre fugidio, mesmo quando inspirado pelo *amor*, mas a *amizade*, que responde pelo intercâmbio emocional por intermédio do diálogo, do interesse nas realizações do outro, na *convivência* compensadora, na alegria de sentir-se útil e estimado.
>
> Há muitos fatores que contribuem para o desconcerto conjugal na atualidade, como os houve no passado. Primeiro os de natureza íntima: insegurança, busca de realização pelo método da fuga, insatisfação em relação a si mesmo, transferência de objetivos, que nunca se completarão em uma união que não foi amadurecida pelo amor real. Segundo, por outros de ordem psicossocial, econômica, educacional, nos quais estão embutidos os culturais, de religião, de raça, de nacionalidade, que sempre comparecem como motivo de desajuste, passados os momentos de euforia e de prazer. Ainda se podem relacionar aqueles que são consequências de interesse subalternos, nos quais o sentimento do amor esteve ausente. (FRANCO, 2010, p. 32, grifos nossos.)

Quando apresenta reflexões sobre a relação do casal no conjunto da atividade de construção do casamento, Joanna de Ângelis realça, em *O despertar do Espírito*:

> Qualquer tipo de relacionamento deve ter como estimuladores a *amizade*, o desejo honesto de satisfações recíprocas, sem que haja predominância de uma vontade sobre a individualidade de outrem.
>
> Pela necessidade de *conviver*, a *amizade* desempenha um papel fundamental em qualquer tipo de conduta, abrindo espaço para uma gentil identificação de propósitos e de permuta de valores, que constituem elementos de intercâmbio sempre feliz, facultando o crescimento dos interesses humanos e das realizações que proporcionam bem-estar.
>
> Indubitavelmente, esse sentimento pode originar-se no inicial interesse da libido que desperta para a busca de outro ser, na necessidade de *companheirismo,* na ânsia normal de amar e de ser amado, no prazer do intercâmbio pela palavra, pelos ideais, pelas metas existenciais... (FRANCO, 2000, p. 142, grifos nossos.)

Por fim, a busca pela orientação que nos leve a uma categorização que favoreça o estudo do binômio família-casamento encontra uma reafirmação e síntese no texto da veneranda Joanna de Ângelis, em *Garimpo de amor*:

> Quando o *amor* real suplantar os interesses imediatos do sexo, e a necessidade do *companheirismo* e da ternura sobrepujar as inquietações do desejo, o matrimônio se transformará em união ideal de corpos e de almas a serviço da Vida. (FRANCO, 2003, p. 30, grifos nossos.)

A nosso ver, é plenamente justificável reduzir os estudos a três dimensões que se relacionam, a fim de abarcar a visão dos Espíritos e as análises das pesquisas sobre o tema, assumindo – repetimos – que, ao dizermos o que *está dentro*, indicamos o que *ficará de fora* da presente obra. Propomos, na leitura das obras da benfeitora, as dimensões: **Sexualidade**, **Companheirismo** e **Afetividade** para o desdobramento desta etapa de estudo.

Como hipótese de trabalho, podemos inferir que há uma variação, evolução, tipologia ou intensidade de amor. Essa diversidade de conceito de amor pode ser mais bem entendida quando buscamos os verbos gregos utilizados para descrever os diversos tipos dele, conforme popularizado por James C. Hunter, em *O monge e o executivo*. Não temos a intenção de fazer uma longa e aprofundada discussão acerca da origem e significado dos termos, mas sim de demonstrar que há diferença naquilo que acreditamos ser a mesma coisa. Os quatro tipos de amor, que colocaremos inicialmente sobre um eixo que vai se aprimorando, são: *eros, storgé, philos* e *ágape*.

- **Eros**: do qual deriva a palavra erótico e significa sentimentos baseados em atração sexual e desejo ardente. Para outros, *eros* é um amor que toma. Não aparece em *O Novo Testamento*.

- **Storgé**: afeição, especialmente com a família e entre os seus membros. Há o entendimento, com exceções, que esta construção não aparece com esse sentido em *O Novo Testamento*.

- **Philos**: fraternidade, amizade, amor recíproco. Uma espécie de amor condicional, do tipo "você me faz o bem, e eu faço o bem a você". A forma nominal é usada em *O Novo Testamento* (Tiago, 4:4) e o sentido de "gostar" ou como adjetivo são encontrados algumas vezes. Este é o tipo de afeição que Pedro disse ter por Jesus (João, 21:15-16): "Simão, filho de Jonas, tu me amas?". O pescador respondeu: "Sim, Senhor, tu sabes que te amo". Diz-se que, no original grego, o sentido é: "Sim, Senhor, tu sabes que gosto de ti, que sou teu amigo". Este pode ser considerado o amor da troca.

- **Ágape:** do verbo *agapaó*, descreve um amor incondicional, baseado no comportamento com os outros, sem exigir nada em troca. É o amor da escolha deliberada, não sentimento do AMOR. É um verbo que descreve como nós nos comportamos, e não como nos sentimos. Um exemplo deste tipo de amor em *O Novo Testamento* é a Parábola do Bom Samaritano (Lucas, 10:29-37).

É certo que esses níveis de amor podem ser percebidos como entes sociopsicológicos e alimentarem exercícios exteriores ou fantasistas de como se deve atender aos preceitos de cada um dos tipos de amor. É possível também identificar esses tipos de amor em ações práticas e cotidianas dos casais preocupados com a manutenção do seu afeto pelo parceiro, do respeito à relação estabelecida e da busca por um futuro de felicidade. Kaslow e Schwartz (1995) buscam fazer isso quando, refletindo sobre separações e casamentos, encerram sua obra relacionando princípios que "parecem característicos da preponderância de casamentos saudáveis e felizes" (p. 327-328):

1. Os parceiros de um casamento saudável são indivíduos fortes, mas que se sentem mais fortes quando formam um casal. Algumas vezes gostam de ficar sozinhos, mas com frequência sentem prazer na companhia do outro e se sentem fortalecidos por essa intimidade.

2. Eles se divertem um com o outro, riem juntos dos pequenos absurdos da vida e têm lazer – saem de férias juntos e saem à noite.

3. Não acham que o outro está seguro. Intuitivamente, esses casais sabem que, para continuar sendo importantes na vida um do outro, devem passar algum tempo juntos.

4. Respeitam a privacidade um do outro. Interessam-se pelas atividades do outro – mas se um dos cônjuges deseja fazer alguma coisa sozinho, o outro não se intromete.

5. Cada um deles pode se sentir confortável jogando tênis ou golfe sem ter de enfrentar acusações como "você não me ama" ou "você está me desconsiderando".

6. Casais saudáveis não tentam se tornar exatamente iguais. Cada parceiro sabe que é diferente do outro.

7. Não esperam que seu casamento seja um mar de rosas. Sabem que a vida tem altos e baixos e que enfrentarão problemas como doenças ou questões profissionais.

8. Têm um alto nível de confiança um no outro. Essa confiança os ajuda a deixar de lado brigas sobre questões de dinheiro ou ciúmes. E mesmo que um dos parceiros quebre a confiança, o outro pode ter certeza de que isso não se repetirá.

9. Não acreditam que os conflitos irão se resolver sozinhos. Estão sempre trabalhando para uma melhor comunicação.

10. Dão valor devido ao sexo. Para eles, o sexo é uma expressão de afeto, paixão e amor, não uma arma utilizada para fazer as coisas do jeito que querem ou para resolver conflitos.

11. Conhecem as necessidades um do outro. Cada um deles estimula o outro a crescer e a mudar.

12. Não esperam que o(a) parceiro(a) conheça automaticamente seus pensamentos, por isso conversam quando têm alguma coisa em mente.

13. Finalmente, os casais felizes têm posturas e atitudes positivas. Sentem que estão se doando ao relacionamento e um ao outro, não deixando de lado alguma coisa por causa do relacionamento, e não tentam dominar o parceiro.

Considerados os tipos de amor e apresentados alguns princípios que são comuns nos relacionamentos felizes, vamos, com esse otimismo necessário aos grandes desafios, aprofundar um pouco mais as dimensões do matrimônio.

## 3.1 Dimensão da Sexualidade

Therborn (2011) inicia sua obra *Sexo e poder: a família no mundo, 1900-2000* justificando o porquê deste título. Ele argumenta que:

> O sexo é uma força básica de orientação da biologia humana; o poder é um aspecto fundamental da sociologia humana. Sexo e poder não são mundos distintos um do outro, mas estão entrelaçados um no outro. O poder pode ser observado no reino animal, enquanto formas de sexualidade humana são socialmente construídas e variáveis. Ambos são moedas conversíveis e mescláveis uma na outra. O sexo pode levar ao poder através do canal da sedução. O poder é também uma base de obtenção de sexo, pela força ou azeitado pelo dinheiro e por tudo aquilo que ele pode comprar. A família é um espaço cercado nos campos de batalha abertos pelo sexo e poder, delimitando a livre competição através de fronteiras entre membros e não membros; substituindo o comércio livre e o combate perpétuo por direitos e obrigações. [...] A família está suspensa entre o sexo e o poder, como forças biológica e social. (THERBORN, 2011, p. 11-12.)

Logo, na visão de Therborn (2011), não é possível separar o sexo dos eixos que o influenciam: o biológico e o social. A força instintiva da reprodução da espécie, em algum momento, influenciou e deixou-se influenciar pelos valores e jogos sociais. A formação das redes de relação social – e seus cordões subjacentes – encontra lastro no sexo e na formação das famílias. Não é razoável desconsiderar essa relação de interdependência explícita (ou não)!

Por sua vez, Jablonski (1991) descreve a importância da cultura na formação e caracterização dos comportamentos sexuais humanos, a fim de alcançar os temas que deseja desenvolver no referido capítulo: privação e frustração; a dupla moral; padrões (ou não) de comportamentos sexuais etc. Escreve que no "hipotálamo, núcleo pré-óptico, ação de hormônios em períodos críticos, entre outros fatores biológicos, afetam nossa sexualidade; mas cultura e sociedade afetam muito mais" (p. 108). Demonstrando enfaticamente sua posição, recorrerá ao texto de Frank Ambrose Beach (1911-1988), conhecido pesquisador da sexologia:

> A experiência, o condicionamento e as diferenças individuais têm efeitos tão profundos sobre a vida sexual humana que as influências hormonais potenciais são ocultas ou moduladas a tal ponto que permanecerão imprecisas até que seus correlatos comportamentais sejam mais eficazmente conceitualizados e aferidos. (FRANK apud JABLONSKI, 1991, p. 108.)

Sendo assim, devemos falar da força dos hormônios na direção das ações sexuais de vária ordem, mas também não podemos descurar da ação do contexto social, valores vividos e difundidos, permissões sociais e permissividades coletivas no estabelecimento de rotinas sexuais e de processos de exteriorização das forças e das vontades sexuais – seja para mais, seja para menos – nos polos extremos da exteriorização grotesca e da manifestação respeitosa, na submissão animalizada e na parceria construída, na introspecção doentia e na disciplinação vitoriosa.

Considerando-se essas variáveis sociais e psicológicas, devemos buscar conhecer como a sociedade atual pensa e vive este tema, quer nas relações sociais, quer na intimidade do casal. Essa busca pode ajudar a entender o que se faz por convicção e o que se faz por tradição no campo da sexualidade.

Podemos enumerar quatro grandes contribuições científicas que, cada qual a sua maneira e no seu tempo, contribuíram para desvelar o tema. Cada uma destas contribuições é conhecida pelo nome de seu autor ou daquele que representa o grupo responsável pela pesquisa: Kinsey, Masters e Johnson, Hunt e, por fim, Hite.

Alfred C. Kinsey, principal pesquisador do grupo responsável pelo trabalho, utilizou-se de 11 mil entrevistados para apresentar estatísticas sobre a vida e os hábitos sexuais de homens e mulheres americanos. Publicou

*O comportamento sexual do macho humano* em 1948 e *O comportamento sexual da fêmea humana* em 1953. Apesar das críticas atuais quanto aos rigores metodológicos aplicados, identificou as disfunções orgásticas em 1/4 das mulheres no primeiro ano de casamento. Registrou a "notável discrepância acerca da liberdade usufruída" entre homens e mulheres. Escreve Jablonski (1991), ao comentar este trabalho, que "até nos sonhos mostram-se [os homens] mais livres que as mulheres" (p. 111).

Durante a década de 1960, os médicos William Masters e Virgínia Johnson levaram a efeito o primeiro estudo em grande escala sobre sexualidade humana em laboratório. O livro *A conduta sexual humana*, de 1966, coligia os dados e análises resultantes da observação controlada de milhares de relações sexuais.

Na década de 1970, com as facilidades produzidas por Kinsey, Masters e Johnson, Hunt publica *Sexual behavior in the 1970s*, no qual apresenta a posição de pouco mais de 2 mil entrevistados. Referindo-se ao resultado de Kinsey, informa que dobrou o número de mulheres com experiências sexuais antes do casamento e também em relações extraconjugais. Os maridos estavam mais preocupados com a "necessidade e desejos de suas mulheres e com as próprias mulheres, assumindo, comparativamente, uma maior responsabilidade pelo 'sucesso' de suas relações sexuais" (JABLONSKI, 1991, p. 112). É o mesmo autor que escreve que a "mulher passiva, subserviente e assexuada do século XIX, 'parcialmente viva' nos relatórios Kinsey, mostrou-se bem menos presente na pesquisa de Hunt" (p. 112).

Em 1976, Shere Hite publica o conhecido *Relatório Hite – sexualidade feminina* e, em 1981, a versão masculina

# Alvaro Chrispino

do relatório. Essa pesquisa foi baseada em questionários distribuídos por meio de revistas populares ou dirigidas a grupos específicos femininos – o que pode suscitar questões metodológicas sobre a representatividade. Segundo Jablonski (1991), o *Relatório Hite* procurou mostrar uma radiografia do exercício da sexualidade e foi um "libelo em prol da luta por uma vida sexual mais satisfatória para as mulheres".

Esses exercícios de maior e melhor conhecimento sobre sexualidade humana trouxeram contribuições importantes para a mudança de rotinas e "liberalização" do sexo, mesmo considerando que a Ciência e os pesquisadores não são neutros e que há forte interação entre crenças, culturas, atitudes e conhecimentos novos (ou não). Qualquer que seja a restrição, é fato que o conhecimento cresceu e a vida sexual modificou-se.

Em nossa época, podemos lançar mão dos dados obtidos na pesquisa intitulada *Estudo da vida sexual do brasileiro* e publicada por Abdo (2004). A pesquisa desenvolveu-se no ano de 2003, nas cinco regiões brasileiras, e foi aplicada por membros da equipe do Instituto de Psiquiatria do Hospital das Clínicas (HC) de São Paulo. Segundo Abdo (2004, p. 16), "ao todo, foram 7.103 os que, voluntariamente, responderam a 87 perguntas – indiscretamente sexuais".[21]

Foram 54,6% de homens e 45,4% de mulheres, distribuídos entre 18 e 80 anos. Deste grupo, 38,9% eram casados, 11,2% amasiados, 37,5% solteiros, 10% divorciados e 2,4% viúvos.

---

21. Estes números referem-se ao livro. A pesquisa em si corrigiu as percentagens a fim de desenhar uma amostra representativa. O livro de Carmita Abdo utilizou todos os respondentes (Abdo, 2004, p.77).

Todos eram alfabetizados, sendo que 34,3% possuíam curso superior completo, 17,9% superior incompleto e 26,9% ensino médio completo.

Abdo (2004) continua descrevendo o grupo pesquisado e informa que 62,5% declararam-se católicos, 12,6% evangélicos, 10,3% espíritas, 8,9% sem religião definida, 4,6% budistas/islâmicos/judeus e 1,1% declararam-se ateus. Chamamos atenção para a alta representação de espíritas na pesquisa: 10,3%, visto que, de acordo com o Censo 2010, os espíritas alcançam 2% da população brasileira.

### 3.1.1 Iniciação sexual

A idade média da primeira relação sexual varia de acordo com o sexo e com a geração, conforme demonstra o quadro a seguir:

| Respondentes na faixa etária de | Idade média de iniciação heterossexual (em anos) | |
|---|---|---|
| | Mulheres | Homens |
| 18 a 25 | 17,2 | 14,7 |
| 26 a 40 | 18,9 | 15,9 |
| 41 a 50 | 20,4 | 15,9 |
| 51 a 60 | 21,8 | 15,9 |
| Mais de 60 | 22,3 | 16,4 |

Fonte: o autor a partir de Abdo, 2004.

Com relação à iniciação homossexual nas mulheres, em geral ocorre em idade inferior a heterossexual. No caso dos homens, a iniciação homossexual ocorre na maioria das vezes depois da heterossexual.

Há grande fantasia sobre a iniciação sexual de jovens ou mesmo de homens e mulheres. A tradição criou uma imagem fundada nas cenas românticas das obras cinematográficas e dos romances que retratam este momento como mágico e sem erros, equívocos ou hesitações. Essa imagem pode provocar traumas e frustrações naqueles que experimentam os primeiros exercícios sexuais na expectativa de que seu ritual de iniciação será semelhante ao que vêm nas telas e nos livros. Outros, não satisfeitos com as dificuldades iniciais da vida sexual, continuam mirando-se nos romances e perseguindo mitos, ao invés de cada qual identificar suas dinâmicas, dificuldades e características e construir uma rotina sexual condizente com seus valores e interesses.

Abdo (2006) assevera que "a decepção que coroa grande parte das primeiras relações sexuais está relacionada com a expectativa fantasiosa, a ansiedade e a inexperiência" (p. 42) e, após descrever a dinâmica extremamente complicada de uma primeira relação real, reflete sobre essa experiência difícil, mas que é "vendida" fantasiosamente.

Por fim, enfatiza:

> A primeira transa, não sendo modelo, mas exceção e – mais que isso – ÚNICA, precisa ser compreendida como tal, para não inaugurar uma série de relacionamentos inevitavelmente atrelados à sorte do primeiro.
>
> A compreensão desse fato, sem risco de perpetuar indefinidamente a inauguração da vida sexual a dois – promovendo um eterno começar –, só é possível com determinado grau de introspecção, o que exige, por sua vez, certo amadurecimento. Da experiência e da introspecção chega-se à competência. (ABDO, 2006, p. 45, grifos no original.)

Eis aí alguns pontos que merecem reflexão quando o assunto for iniciação sexual.

## 3.1.2 Educação sexual

A pesquisa ouviu os grupos etários sobre quem os orientou sobre o assunto "sexo". Os resultados estão sintetizados no quadro a seguir.

| | Mulheres | | Homens | |
|---|---|---|---|---|
| | 60 anos ou mais | 18 a 25 anos | 60 anos ou mais | 18 a 25 anos |
| Amigos de infância | 36.4% | 24,0% | 45,0% | 26,7% |
| Professores | 16,5% | 33,5% | 11,4% | 27,4% |
| Pais ou responsáveis | 20,7% | 45,8% | 16,6% | 42,3% |

Fonte: o autor a partir de Abdo, 2004, p. 47.

Percebe-se que houve importante mudança nas duas gerações que compõem os extremos da pesquisa. Tanto para homens quanto para mulheres, o primeiro lugar da geração com mais 60 anos hoje era ocupado pelos "amigos de infância". Na geração de 18 a 25 anos, a primazia da orientação sobre assuntos sexuais está com os pais e responsáveis e professores. Abdo (2006, p. 5) escreve que "sentem-se à vontade para falar de sexo 63,5% de brasileiros e 51,1% de brasileiras. Constrangidos e envergonhados ficam 6% deles e 10,4% delas".

Dessa forma, torna-se indispensável que os pais estejam preparados para ocupar esses espaços, como bem informa a benfeitora no capítulo 15 de *Constelação familiar*:

> A constelação familiar, portanto, é o núcleo melhor da vida para a orientação sexual, evitando que pessoas desinformadas e em distonia emocional se encarreguem de apresentar os con-

flitos que as vitimam como sendo o melhor caminho a seguir, ao mesmo tempo que as rápidas e perversas informações da mídia, que sempre induzem à liberação desastrada dos comportamentos que se convertem em espetáculos de sofrimento futuro, devem ser esclarecidas com mais profundidade. (FRANCO, 2008, p. 101.)

### 3.1.3 Sobre a rotina e a dinâmica sexuais

As informações contidas na pesquisa sobre o uso de preservativo trazem reflexões importantes. Homens declaram usar preservativos sempre mais do que as mulheres, independentemente da geração. Por sua vez, a geração de 18 a 25 anos declara usar quase três vezes mais do que a geração de 60 anos ou mais: homens 49,8% contra 18,1% e mulheres 39,0% contra 13,6%.

Quando questionados sobre os motivos que os levam a não usar preservativos, homens heterossexuais (75%) e mulheres heterossexuais (81,9%) informam que não o fazem porque possuem "parceiro fixo".

Essa descoberta seria perfeita se, em outra pergunta, não identificássemos o número de parceiros sexuais nos últimos 12 meses:

| Média de parceiros(as) sexuais em 12 meses, por estado civil | | |
|---|---|---|
| | **Homens** | **Mulheres** |
| Solteiro(a) | 4,2 | 1,8 |
| Divorciado(a) | 3,3 | 1,6 |
| Amasiado(a) | 2,5 | 1,2 |
| Casado(a) | 1,9 | 1,1 |
| Viúvo(a) | 1,5 | 1,3 |

Fonte: o autor a partir de Abdo, 2004, p. 79.

A leitura da tabela deixa claro que a média de parceiros nos últimos 12 meses, tanto para homens casados quanto para mulheres casadas, é superior a 1, o que coloca em risco a saúde dessas pessoas que deixam de usar preservativo por acreditar na fidelidade do(a) parceiro(a) (ABDO, 2004, p. 86-87).

Há aqui espaço para uma digressão importante no campo da educação sexual de jovens. Novaes e Mello (2002, p. 41), ao estudarem a religiosidade de jovens do Rio de Janeiro, perguntaram se os jovens utilizavam preservativo sempre, quase sempre e nunca nas relações sexuais que mantinham. Apesar de todo o conhecimento que está disponível ao jovem e aos pais espíritas, para surpresa, a pesquisa identificou que apenas 50% dos jovens espíritas fazem uso de preservativo nas relações sexuais que mantêm.

Novaes (2008), em outra pesquisa, encontra também um número preocupante em relação aos jovens espíritas. Na pesquisa *Retratos da juventude brasileira*, 43% dos jovens espíritas informaram não ter usado preservativo na última relação sexual.

A pesquisa mostrou que homens têm, em média, o dobro de parceiros que as mulheres e que 25,7% das mulheres e 50,8% dos homens se envolveram em relações extraconjugais (REM) ou "casos" (ABDO, 2004, p. 31).

Cabe resgatar as pesquisas apontadas por Jablonski (1991) sobre este tema. Inicialmente, informa que, na maioria dos casos, as relações extraconjugais (REM) "derivam de necessidade de variação sexual, busca de novas satisfações emocionais – reflexo de maus casamentos – e até mesmo por retaliação" (p. 124). Enumera também outros fatores, como envelhecimento, imaturidade, alcoolismo e o surgimento de oportunidade. Arent (2009), pesquisando a infidelidade feminina e seus motivos para frequentarem um Clube de Mulheres, encontrará os mesmos motivos apontados por Jablonski.

O autor traz à baila o chamado padrão da dupla moral, que defende a ideia antiga de que "os homens podem trair", não permitindo que as mulheres o façam. Certamente, muitas são as justificativas para a dupla moral: (pseudo) necessidade biológica do homem e o fato inatacável de que as mulheres engravidam e os homens não, e complementa:

> Como a humanidade – a maior parte – sempre viveu às portas da miséria, não seria interessante a nenhum pequeno proprietário, aldeão, estalajadeiro, servo ou coisa que o valha ter de sustentar sua esposa, prole e as filhas e filhos de suas filhas. Como relações sexuais sempre foram – até o advento da pílula – praticamente sinônimo de gravidez, pais e mães, premidos por forças econômicas, tiveram de segurar a sexualidade de suas filhas. (JABLONSKI, 1991, p. 129-130.)

Jablonski (1991) defende que a emancipação feminina aliada à liberação sexual fez com que as relações extraconjugais (REM) deixassem de ser uma prerrogativa masculina. Para fundamentar sua proposição, apresenta, há mais de 20 anos, algumas pesquisas que sintetizamos a seguir (apud Jablonski, 1991, p. 125-126):

- Jablonski (1991):
  - Separados (referindo-se à relação anterior): 58% com REM (80% homens e 36% mulheres).
  - Casados: 38% com REM (58% homens e 18% mulheres).
  - Casados idosos: 33% com REM (50% homens e 16% mulheres).

- Macedo Araújo (1985), pesquisando o Rio de Janeiro, encontrou 87% para homens e 38% para mulheres, independentemente da condição civil.

- Chew (1972) encontrou 60% e 40%.

- Hunt (1974) encontrou 41% e 18%.

- Kinsey, em seu clássico estudo, obteve 50% e 26%.

- Thompson (1983), coligindo seu estudo e mais dez outros, encontrou faixas de 20% a 66% para homens e 10% a 69% para mulheres.

- Thompson (1984), em estudo realizado na Austrália, encontrou uma apertada superação das mulheres: 42% e 45%.

- Matéria publicada no Jornal do Brasil (22/02/1988), sobre pesquisa italiana, informa que encontrou-se 66% de casos de infidelidade entre mulheres casadas.

- S. Hite encontrou 70% de respondentes com REM para ambos os sexos.

- Lawson (1988) publica em seu livro *Adultery* o resultado de pesquisa com 600 respondentes, na Inglaterra. Informa que 73% dos respondentes mantiveram uma ou mais relações extraconjugais.

- Kosovski (1983), em seu livro *Adultério*, informa que grande parte dos 500 respondentes de sua pesquisa manifestou-se contrária à infidelidade. No entanto, se infidelidade for somente dos homens, "tudo bem". Essa era uma pesquisa sobre atitudes e os respondentes informaram o que achavam, e não o que faziam.

A benfeitora Joanna de Ângelis faz interessante conexão entre a insatisfação sexual, a falta de ternura e o surgimento da terceira pessoa, que ela intitula de "ideal mitológico da perfeição".

Nas uniões sexuais, por exemplo, um dos fatores de futuros desentendimentos é a falta de ternura com que se relacionam os parceiros. Mais atraídos pelo prazer sexual, as pessoas quase não valorizam a convivência, porque são carentes afetivos interiores que esperam ser preenchidas pela outra, que também padece da mesma ausência de afetividade pessoal. Passadas as sensações do prazer valorizado, surgem atritos dos solitários a dois, que se olvidam de ser solidários reciprocamente.

Não havendo a ternura que estreita os vínculos do amor entre aqueles que constituem a parceria, o gozo desfrutado é muito fugaz e dá lugar a aspirações e desejos que extrapolam os limites da relação, quer no campo da fantasia, quer no campo da ação, ensejando espaço psíquico e emocional para a entrada de terceira pessoa.

Segundo a mentora Joanna de Ângelis:

> Quase sempre, nesse período [de transferência afetiva e de insatisfações], surgem terceiras pessoas que passam a influenciar a conduta daquele que se encontra incompleto, nascendo as aparentes afinidades, culminando em complicadas ligações extraconjugais, que irão influenciar fortemente a separação da parceira[o] anterior. (FRANCO, 2007, p. 102-103.)

Após essa observação quanto ao processo inicial do adultério, podemos enumerar algumas notas da autora sobre a infidelidade conjugal:

Família(s): uma visão espírita sobre os novos arranjos e as velhas buscas

> Fidelidade é fator de primeira grandeza para o sucesso do relacionamento. (FRANCO, 2007, p. 99.)
>
> O casamento representa estágio superior, firmando-se na fidelidade e nos compromissos da camaradagem. (FRANCO, 2010, p. 31.)
>
> O que deve ser abominado é o adultério, são os relacionamentos múltiplos, em cruel desrespeito à confiança e à dignidade do outro. (FRANCO, 2000, p. 188.)

Carmita Abdo (2006, p. 20), ao apresentar os dados da pesquisa sobre a infidelidade do brasileiro, escreve: "Infidelidade por vocação, tradição, 'esporte', curiosidade, insatisfação, carência, impulso, revide, vingança, sedução... Por saudade do que acabou. Confessaram que foram infiéis, pelo menos uma vez na vida, 50,6% dos brasileiros e 25,7% das brasileiras".

O Espírito Manoel Philomeno de Miranda – em diversos de seus romances, que apresentam os dramas, lutas e acertos dos homens e mulheres comuns – retrata diversos casos de obsessão envolvendo a sexualidade descompensada e a infidelidade. Em especial, lembremo-nos do caso descrito em *Loucura e obsessão* (FRANCO, 1990a, p. 34-38), quando uma senhora busca apoio espiritual para consumar o ato de infidelidade, tentando afastar, a qualquer preço, a esposa daquele a quem dizia amar loucamente. Ouve orientações enérgicas sobre a gravidade deste procedimento e sobre a necessidade de reorientar as emoções e a própria vida.

Outro assunto que informa sobre a rotina sexual do brasileiro é a quantidade de relações que dizem manter em um período de tempo e a quantidade desejada. A tabela a seguir busca sintetizar as informações.

| Média de relações sexuais por semana realizadas e desejadas | | | | |
|---|---|---|---|---|
| | Mulheres | | Homens | |
| | Realiza | Deseja | Realiza | Deseja |
| 18 a 25 anos | 2,5 | 5,4 | 3,6 | 8,4 |
| 26 a 40 anos | 2,6 | 4,4 | 3,4 | 6,6 |
| 41 a 60 anos | 1,9 | 3,4 | 3,1 | 5,4 |
| 61 anos ou mais | 0,9 | 2,5 | 1,8 | 3,5 |

Fonte: o autor a partir de Abdo, 2004, p. 49.

Os números expressam pontos que merecem realce: homens declaram maior número de relações sexuais por semana do que mulheres em todas as faixas etárias. E, surpreendentemente, homens e mulheres em todas as faixas etárias declaram desejar pelo menos o dobro de relações sexuais por semana, o que leva Abdo (2004, p. 49) a declarar que "também no sexo sonhamos mais alto, seja qual for a nossa idade".

Cabe aqui uma rápida reflexão sobre esses números: uma coisa é estar sexualmente satisfeito e declarar que gostaria de ter o dobro de relações; outra coisa é essa proporção significar que só realizam metade do que gostariam ou acham que mereciam. Dependendo de como se encara essa diferença, isso pode ser uma fábrica de frustrações, bem como explicar o alto número de parceiros em relações extraconjugais. Pode contribuir com isso o fato de que três em cada dez brasileiros não alcançam orgasmos em suas relações.

### 3.1.4 Um esforço de síntese: a visão dos Espíritos

O Espírito Manoel Philomeno de Miranda, na apresentação de sua obra *Sexo e obsessão* (FRANCO, 2002), escreve que "vive-se, na Terra, a hora do sexo. O sexo vive na cabeça das pessoas, parecendo haver saído da organização genética onde se sedia" (p. 12), e, em contrapartida a essa análise que aponta a supervalorização do sexo, explica que "[...] a correta aplicação das forças genésicas propicia ao Espírito alegria de viver e entusiasmo no desempenho das tarefas que lhe dizem respeito, constituindo-se emulação para o progresso e a felicidade" (p. 10).

Percebe-se que o tema sexualidade pode ser estudado ou vivido em polos extremos: o do prazer físico exclusivo e o do alimento e energia renovada. O primeiro está vinculado ao histórico do ser humano e se inicia no exercício da reprodução que perpetua a espécie; o segundo é um vir a ser, uma busca, uma construção cotidiana que parte do passado em direção a um futuro de vivências superiores que não negam a sexualidade. Entre esses dois extremos está o presente, que se caracteriza pelas oscilações entre os dois campos: deseja-se a energia vitalizante e se busca isso na atividade linear do sexo, que esgota o corpo em troca de poucos segundos de prazer.

Essa é a luta nossa – da Humanidade contemporânea – de todo o dia. Sobre essa dicotomia, a veneranda Joanna de Ângelis esclarece que:

> O sexo é portador de objetivos elevados, tanto do ponto de vista fisiológico como psicológico, pois que, além da finalidade procriativa a que se destina, proporciona a permuta de hormônios emocionais, contribuindo para a alegria de viver e a harmonia psicológica dos seres humanos. (FRANCO, 2008, p. 98.)

Mais uma vez fica evidenciada a função superior do sexo quando exercido em condições que consiga conectar-se aos campos emocionais, produzindo resultados construtivos e adequados ao estágio em que estaciona cada homem. Em síntese, há que distinguir as etapas evolutivas do homem e como o sexo opera em cada uma delas.

Inicialmente, temos a manifestação do instinto de reprodução da espécie, que, pouco a pouco, deve aprimorar-se, diferenciando-o dos animais irracionais (ÂNGELIS; FRANCO, 1990, p. 109).

Após isso, busca-se vivenciar emoções para, enfim, alcançar sentimentos. Para a benfeitora Joanna de Ângelis, os sentimentos "[...] são as vivências do que é percebido pela emoção de maneira consciente", e "[...] a emoção é o efeito espontâneo do organismo a qualquer ocorrência, produzindo descargas de adrenalina pela corrente circulatória, que se encarrega de pôr brilho nos olhos, colorir a face, sorrir..." (FRANCO, 2007, p. 144).

Num esforço de síntese, temos que:

> A emoção produz sentimento que passa a ser o júbilo ou o constrangimento, a expectativa ou a frustração...
>
> Desse modo, as emoções funcionam automaticamente, sem consciência direta da ocorrência, enquanto que os sentimentos são percepções conscientes das ocorrências. (FRANCO, 2007, p. 144.)

Logo, o sexo pode ser vivido sob a égide da emoção ou sob o império do sentimento. No primeiro, esgota, drena, é momentâneo, é explosivo; no segundo, o ápice do prazer é construído voluntária e interativamente, trocando energias e matando a sede de alegria, enquanto o primeiro é tal qual a água salgada que, quanto mais se bebe, mais se necessita beber.

O casal, no exercício da sexualidade, não pode desconsiderar estes dois extremos: o físico e o sentimental.

O sexo tem forte apelo físico, quando a luliberina (GnRH) inicia o processo bioquímico do desejo sexual, e oxitocina prepara o corpo para a atividade sexual visando à reprodução, coroando com hormônios que oferecem a sensação de prazer, como a dopamina e a endorfina. O corpo se prepara para o prazer e incentiva a busca da relação sexual.

Ocorre que, como não estamos mais nas faixas primárias da evolução, o fenômeno deixa as restritas consequências do gozo físico para habilitar-nos a experimentar mais profundos estados de gozo, de alegria de viver e intercâmbios de hormônios físicos e psíquicos (FRANCO, 2007, p. 158).

As pesquisas apresentadas por Abdo (2004) dão mostras da prática sexual atual: deseja-se o dobro de relações sexuais por semana ou acha-se que só se realiza metade do número de relações tidas como ideais. Por outro lado, o número de relações extraconjugais é imenso e crescente entre homens e mulheres, e um terço dos brasileiros adultos não conhece o orgasmo.

Esses podem ser indicadores de que ainda estamos mais vinculados ao estágio inicial do que aquele que nos espera no futuro.

Vai ficando cada vez mais claro o fato de que não se prega o sexo como algo pecaminoso ou culposo, como a história religiosa o faz, muito menos se nega o aspecto físico e prazeroso da função sexual. O que se pretende é dar-lhe qualidade, diferenciando-a cada vez mais do mero processo bioquímico, dando espaço para o **companheirismo**, que dá a dinâmica da relação, a ternura, a atenção e por fim o **afeto**, que coroa a comunhão de hormônios e de energias.

Concluímos este item com as reflexões da veneranda Joanna de Ângelis:

O sexo, portanto, a serviço da vida, é portador de saúde comportamental, que se expande na emoção e no psiquismo.

Uma vida saudável sexualmente responde por sentimentos de alegria e bem-estar, ampliando as áreas dos relacionamentos sociais e idealísticos em que se encontram as criaturas. Seja através dos relacionamentos saudáveis, seja mediante a abstinência consciente e tranquila, sem traumas nem imposições de qualquer natureza conflitiva, o sexo é portador de mensagem vigorosa de paz e alegria.

Sexo e saúde são termos da mesma equação da vida. (FRANCO, 2007, p. 173-174.)

## 3.2 Dimensão do Companheirismo

### NO CAMINHO DO AMOR

Em Jerusalém, nos arredores do templo, adornada mulher encontrou um nazareno, de olhos fascinantes e lúcidos, de cabelos delicados e melancólico sorriso, e fixou-o estranhamente.

Arrebatada na onda de simpatia a irradiar-se dele, corrigiu as dobras da túnica muito alva; colocou no olhar indizível expressão de doçura e, deixando perceber, nos meneios do corpo frágil, a visível paixão que a possuíra de súbito, abeirou-se do desconhecido e falou, ciciante:

— *Jovem, as flores de Séforis encheram-me a ânfora do coração com deliciosos perfumes. Tenho felicidade ao teu dispor, em minha loja de essências finas...*

Indicou extensa vila, cercada de rosas, à sombra de arvoredo acolhedor, e ajuntou:

— *Inúmeros peregrinos cansados me buscam à procura do repouso que reconforta. Em minha primavera juvenil, encontram o prazer que representa a coroa da vida. É que o lírio-do-vale não tem a carícia dos meus braços e a romã saborosa não possui o mel de meus lábios. Vem e vê! Dar-te-ei leito macio, tapetes dourados e vinho capitoso... Acariciar-te-ei a fronte abatida e curar-te-ei o cansaço da viagem longa! Descansarás teus pés em água de nardo e ouvirás, feliz, as harpas e os alaúdes de meu jardim. Tenho a meu serviço músicos e dançarinas, exercitados em palácios ilustres!*

Ante a incompreensível mudez do viajor, tornou, súplice, depois de leve pausa:

— *Jovem, por que não respondes?* **Descobri em teus olhos diferentes chama e assim procedo por amar-te.** *Tenho sede de afeição que me complete a vida. Atende! Atende!*

Ele parecia não perceber a vibração febril com que semelhantes palavras eram pronunciadas, e, notando-lhe a expressão fisionômica indefinível, a vendedora de essências acrescentou um tanto agastada:

— *Não virás?*

Constrangido por aquele olhar esfogueado, o forasteiro apenas murmurou:

— *Agora, não. Depois, no entanto, quem sabe?!*

A mulher, ajaezada de enfeites, sentindo-se desprezada, prorrompeu em sarcasmos e partiu.

Transcorridos dois anos, quando Jesus levantava paralítico, ao pé do tanque de Betesda, venerável anciã pediu-lhe socorro para infeliz criatura, atenazada de sofrimento.

O Mestre seguiu-a, sem hesitar.

Num pardieiro denegrido, um corpo chagado exalava gemido angustioso. A disputada mercadora de aromas ali se encontrava, carcomida de úlceras, de pele enegrecida e rosto disforme. Feridas sanguinolentas pontilhavam-lhe a carne, agora semelhante ao esterco da terra, exceção dos olhos profundos e indagadores, nada mais lhe restava da feminilidade antiga. Era uma sombra leprosa, de que ninguém ousava aproximar.

Fitou o Mestre e reconheceu-o.

Era o mesmo mancebo nazareno, de porte sublime e atraente expressão.

O Cristo estendeu-lhe os braços, tocados de intraduzível ternura e convidou:

— *Vem a mim, tu que sofres! Na Casa de Meu Pai, nunca se extingue a esperança.*

A interpelada quis recuar, conturbada de assombro, mas não conseguiu mover os próprios dedos, vencida de dor.

O Mestre, porém, transbordando compaixão, prosternou-se fraternal e conchegou-a, de manso...

A infeliz reuniu todas as forças que lhe sobravam e perguntou, em voz reticenciosa e dorida:

- *Tu?... O Messias nazareno?... O Profeta que cura, reanima e alivia?! Que vieste fazer junto de mulher tão miserável quanto eu?*

Ele, contudo, sorriu benevolente, retrucando apenas:

*– Agora, venho satisfazer-te os apelos.*

E, recordando-lhe a palavra do primeiro encontro, acentuou, compassivo:

*– Descubro em teus olhos diferentes chama e assim procedo por amar-te.* (XAVIER, 1974, grifos nossos.)

O conto apresentado pelo Espírito Irmão X pode ser encarado como uma ponte entre duas dimensões extremas, se tomadas como polos físico (sexualidade) e espiritual (afetividade), sem com isso pregar-se que não há espiritualidade em um relacionamento sexual centrado no respeito e que não exista atração e vazão desta em relações espiritualizadas.

Ele inicia sua narrativa apresentando a vendedora de aromas como uma bela jovem que se encanta pelo Nazareno, o qual, certamente, possuía beleza sem igual. Seu discurso para com Ele foi perfeito se considerada a dimensão que ela habitava: a sexualidade. Exaltou suas qualidades, atributos e possibilidades, e convidou-o para partilhá-las. Ocorre que Jesus não partilhava da intenção de transitar nessa dimensão. Pelo contrário, desejava que o encontro de ambos acorresse sob a égide da **Dimensão da Afetividade**. Quando a jovem vendedora de aromas sintetiza suas emoções: *– Descobri em teus olhos diferentes chama e assim procedo por amar-te –*, o Rabi, tranquilo, vaticina: *– Depois, no entanto, quem sabe?!*

Passa o tempo, e a vida favorece novo encontro. Ele altivo, ela visitada pela experiência difícil da hanseníase;

Ele pregando a Vida, e ela sendo alcançada pela morte física. Envergonha-se quando o reconhece, e Ele, coerente, abraça-a com carinho, oferecendo-lhe o exercício da **Dimensão da Afetividade**, que ela agora pode entender e viver. Ao fim, Ele sintetiza a justificativa pelo carinho e pelo abraço: – *Descobri em teus olhos diferente chama e assim procedo por amar-te.*

Eis aí os dois extremos das dimensões do matrimônio, no modelo de estudo que optamos construir.

Pode iniciar-se com a atração física, instintiva, básica, elementar. Após isso, cansado o corpo do exercício do prazer, são necessárias a ações do convívio, do trato cotidiano, das trocas, das interações nos pequenos e grandes grupos. É o momento em que somos chamados a conhecer a dimensão intermediária: a **Dimensão do Companheirismo**.

No nosso modelo de estudo, ela será a dimensão da interação pessoal e também social, sendo responsável por oferecer a trajetória pessoalíssima entre as dimensões marcadas pelo relacionamento sexual e pela afetividade. Parece claro que o surgimento da **Dimensão do Companheirismo**, na dinâmica do matrimônio, não elimina a **Dimensão da Sexualidade**. Ao contrário, dá-lhe nova roupagem, visto que pode trazer para a relação a interação e a troca, o que combate o egoísmo da relação sexual centrada no prazer exclusivista... Surge, assim, a dinâmica do outro(a), do parceiro(a).

Corrobora com essa ideia Blaise Pascal,[22] quando reflete sobre o valor da beleza e do juízo para aquele a quem ama.

Eis um extrato de seu texto:

---

22. Blaise Pascal (Clermont-Ferrand, 19 de junho de 1623 – Paris, 19 de agosto de 1662) foi um físico, matemático, filósofo moralista e teólogo francês.

Um homem que se põe à janela para ver os passantes, se eu estiver passando, posso dizer que ele se pôs à janela para ver-me? Não, pois não pensa em mim em particular. Mas, quando gostamos de uma pessoa por causa de sua beleza, gostamos dela? Não; pois a varíola, que tirará a beleza sem matar a pessoa, fará que não gostemos mais; e, quando se gosta de mim por meu juízo, ou por minha memória, gosta-se de mim? Não; pois posso perder essas qualidades sem me perder. (*Pensamentos*, artigo XXIII – Razões de algumas opiniões do povo, item XVII.)

Novamente a reflexão sobre a fragilidade de amar-se o que é transitório e frágil, em detrimento daquilo que se eterniza. Segundo ele, se amamos a beleza, esse amor tem o tempo e a força de uma doença que destrói o que foi o atrativo... se amamos somente a inteligência ou a capacidade de coordenar os pensamentos, esse amor tem a fragilidade dos transtornos mentais de toda ordem. Se amamos a beleza, é certo que o período de dez anos irá transformar a beleza da pessoa e, por isso deixaremos de amá-la como antes, até que apareça outra pessoa com beleza superior, que será amada por tempo determinado. Luc Ferry (2008), ex-ministro da educação de França, ao comentar estes pensamentos de Pascal, chama a nossa atenção para o que chama de singularidade *de* e *em* cada ser. Ele afirma que:

De fato, somente a singularidade que ultrapassa a um só tempo o particular e o universal pode ser objeto do amor. Caso tenhamos apenas as qualidades particulares/gerais, nunca amamos ninguém, e, nessa óptica, Pascal tem razão, devemos parar de zombar dos vaidosos que prezam as homenagens, pois não somos nem um pouco superiores a eles! O que faz de um ser um ser amável, o que dá o sentimento de poder escolhê-lo entre todos e continuar a amá-lo mesmo depois da doença o ter desfigurado é por certo o que o torna insubstituível, ele, e não outro. O que amamos nele (e que ele ama em nós se for o caso) e que, por conseguinte, devemos procurar desenvolver para o outro bem como em nós mesmos, não é nem a particularidade pura nem as qualidades abstratas (o universal), mas a singularidade que o distingue e faz com que não seja igual a nenhum outro. (FERRY, 2008, p. 222.)

Se é possível entrar pela porta da beleza ou da inteligência, o que amamos deve alcançar o *ser essencial*, que é imortal. A benfeitora Joanna de Ângelis organiza essa possível trajetória, ao escrever na obra *Garimpo de amor*:

> Quando o amor real suplantar os interesses imediatos do sexo, e a necessidade do companheirismo e da ternura sobrepujar as inquietações do desejo, o matrimônio se transformará em união ideal de corpos e de almas a serviço da Vida. (FRANCO, 2003, p. 30.)

Ou seja, o companheirismo e a ternura fazem a ponte para facultar a união de corpos (sexualidade) e almas (afetividade). Dando continuidade ao ensinamento, a mentora esclarece:

> No relacionamento sexual, puro e simples, ou no conjugal, de maior profundidade, o êxito da união sempre dependerá do contributo do amor.
>
> Passadas as sensações iniciais da intimidade, surgem os *desafios da convivência*, que irá exigir tolerância de ambos os parceiros, interessados pela *preservação da própria identidade*, mas atraídos um pelo outro. (FRANCO, 2003, p. 30, grifos nossos.)

Além de indicar o surgimento da convivência, aponta a necessidade da tolerância e da preservação da identidade própria, pondo por terra a ideia equivocada de que o amor (e o matrimônio) leva à anulação da personalidade em função do surgimento do "casal". Pelo contrário, propõe que eles se mantenham, mas que ambos busquem, na e pela convivência, o ponto comum, o espaço de interação do casal. Não se pode falar em companheirismo quando um dos parceiros exige que o outro se apague, ou que o equívoco da tradição que nos educou permita que um deles pense – em moderno holocausto – que deve apagar-se para a felicidade de ambos: ledo engano!

Sobre a **Dimensão do Companheirismo** e suas características, mais uma vez recorremos ao pensamento da veneranda Joanna de Ângelis:

> O *companheirismo, por sua vez, é um relacionamento de valor significativo,* porque disposto a auxiliar sempre que necessário; nada impondo, nem nada recusando, está sempre aberto às condições que surjam favoráveis. Não tem pressa em alcançar resultados opimos de imediato, porque se compraz em ser gentil, oferecendo amor e tolerância. (FRANCO, 2003, p. 151, grifos nossos.)

Neste ponto, onde cremos estar clara a importância do companheirismo, que se materializa na convivência, na ternura, na amizade, no diálogo, na preocupação com o parceiro(a), nas realizações conjuntas e individuais em grande sinergia, gostaríamos de trazer algumas reflexões, a partir das pesquisas de Jablonski (1991), que podem ser encaradas como dificuldades contemporâneas a serem enfrentadas na **Dimensão do Companheirismo**. São elas a emancipação feminina, o desafio da paternidade e os impactos da tecnologia, que apresentaremos em resumos.

### 3.2.1 Emancipação feminina

Ao iniciarmos este subitem, deixemos clara a dificuldade desde antes, utilizando-nos do que escreveu Jablonski (1991) ao discorrer sobre este tema:

Famílias(s): uma visão espírita sobre os novos arranjos e as velhas buscas

> Não é fácil fazer um resumo da evolução das relações de poder e dos papéis que as mulheres foram assumindo desde a antiguidade, de modo que vamos nos ater aos aspectos que nos parecem mais relevantes para a família e o casamento contemporâneos. Além do que, esse é um assunto extremamente polêmico, em torno do qual os debates costumam ser tudo, menos objetivos. (JABLONSKI, 1991, p. 141.)

Logo, fica combinado que, mais uma vez, o que se vai apresentar aqui é um recorte do tema, com intencionalidade e juízo prévios. O que quer dizer que coisas ficarão de fora deste mosaico, quem sabe para trabalhos futuros.

Entre as muitas maneiras de construir a história da emancipação feminina,[*] está aquela que elenca como fatores importantes os papéis sexuais: segundo especialistas, de modo geral, coube às mulheres primordialmente as funções que se desenrolavam no interior ou nas cercanias do local de moradia, certamente derivadas por conta dos períodos próprios de gestação, amamentação e alimentação de crianças de todas as idades. As funções derivadas podem ser enumeradas como cuidado de doentes, cuidado de idosos, manutenção da alimentação geral e, de forma bastante variada ao longo do tempo, a transmissão dos conhecimentos e valores passados de geração a geração. Aos homens, por sua vez, estava reservada a longa lista de atividades que eram realizadas a partir da possibilidade de deslocamento para distâncias maiores e força física, tal qual defesa do território e caça – alimentação.

---

(*) Reconhecemos que este tema possui hoje uma multiplicidade de ângulos de análise oriundos de várias áreas do conhecimento. Desde já, deixamos claro que o tema aqui será tratado como recorte teórico possível e necessário para o fim a que se destina a obra, não devendo ser tratado como única visão.

O fenômeno das guerras exigiu que a tradição das funções fosse alterada, e a mulher ocupou postos de trabalho em espaços importantes da produção econômica, diferentemente da revolução industrial, que encontrou na mulher e nas crianças mão de obra (muito mais) barata. Pode-se dizer que a oferta de bens de consumo e a inflação contribuíram para que a mulher buscasse os postos de emprego e contribuísse de forma efetiva para a composição do orçamento doméstico. Quanto a isso, Jablonski (1991, p. 142-143) cita Harris (1984): "A liberação da mulher não criou a mulher trabalhadora, e sim a mulher trabalhadora criou a liberação da mulher", oferecendo outro ângulo de análise causal do fenômeno.

Essa mudança levou a uma modificação na rotina doméstica, visto que a mulher passa a ter compromissos externos ao lar. Por incrível que pareça, a chamada dupla jornada da mulher, nos anos de 1920, era de 50 horas por semana em trabalhos domésticos e passou, nos anos 1980, para 33 horas por semana, somado ao tempo de atividade profissional. Escrevemos anteriormente que a Pesquisa Nacional por Amostra de Domicílio (PNAD) de 2007 demonstrou que a maioria das mulheres são aquelas sem cônjuge e com filhos (52,9%).

Essa chamada emancipação da mulher é conquista complexa e antiga, que resultou certamente de ocupação de espaços econômicos por ela em momentos específicos da história, mas também pelo esforço das mulheres, como indivíduos e como grupos, de reivindicarem as mesmas condições no que diz respeito a direitos gerais, independentemente de possuírem funções sociais diferenciadas e especialíssimas.

Essa posição – bem exemplificada em O *Novo Testamento* quando Jesus se dirige à mulher da Samaria – é fundamentalmente defendida pelos Imortais quando das respostas de *O Livro dos Espíritos,* especialmente as questões 817 a 821, que tratam dos direitos da mulher, deixando claro que a diferença está nas funções, mas os direitos são os mesmos. Joanna de Ângelis, em *Encontro com a paz e a saúde,* traz luzes sobre este tema ao buscar as origens desta visão superior dos homens sobre as mulheres no antigo mito de Adão e Eva, no surgimento do pecado original:

> Herança multimilenária insculpida no inconsciente coletivo, o machismo remonta à tradição mosaica a respeito da Criação, quando apresenta a figura antropomórfica do Criador na condição de Pai instável, alimentando essa construção arquetípica na pessoa de Adão, de quem fora tirada uma vértebra para produzir a mulher, mantendo-a como parte de seu corpo, tornando-a submissa em face de pertencer-lhe desde a origem.
>
> Concebida a ideia de sua dependência, tornou-se objeto de uso do ser masculino, que dela sempre se serviu para as múltiplas necessidades sociais, domésticas e reprodutivas, sem qualquer outra consideração, quando não lhe impunha os caprichos conflitivos da personalidade doentia.
>
> [...] Relegada a uma posição secundária, quando não discriminada, por haver sido instrumento do pecado, como decorrência da sua inferioridade, passou a ser submetida a exigência, mediante a qual lhe seria (e ainda o é) interdito o prazer no relacionamento sexual, tornando-a apenas um animal reprodutor, sem qualquer direito à gratificação afetiva da comunhão carnal. (FRANCO, 2007, p. 78.)

Alonga-se a benfeitora na descrição da história da conquista da mulher, com a energia moral de quem viveu e morreu pelos direitos da mulher desde encarnações anteriores, conclui:

> Somando-se aos demais fatores de ansiedade que se deriva do competitivismo, da insegurança pessoal e coletiva, das buscas pela realização social, econômica e emocional, essa herança criminosa torna-se fator de desequilíbrio, porque o cidadão de

> agora, renascido na roupagem masculina, é o mesmo que, ontem, desqualificou, perseguiu, esmagou os sentimentos femininos, sacrificando-os ao seu talante, embora sem dispensar a sua companhia e os seus nobres serviços...
>
> Ainda perdurarão no psiquismo feminino as marcas da rejeição, da punição, do desprezo, que as novas conquistas irão eliminando, de forma que, no futuro, o respeito recíproco aos direitos de ambos os sexos seja a tônica da conduta psicológica e social da humanidade (FRANCO, 2007, p. 83-84.)

Sem sombra de dúvida, o processo histórico-cultural que fomentou no homem essas reações que estão incitas na memória social também se manifestou na mulher, mas de outras formas, sem que fosse somente naquelas de resistência na direção das conquistas. Concluímos este subitem retomando a análise, agora visando à mulher:

> Expondo-se exageradamente, fomentando o comércio vil do sexo sem significado, em profissionalização e banalização dos sentimentos, a mulher atira-se no abismo modista, gastando juventude e saúde, a fim de manter-se nos absurdos padrões de beleza estereotipada, marchando inexoravelmente para enfermidades e transtornos psicológicos imediatos e mediatos, na solidão, no esquecimento ou atirada ao ridículo, ao vexame, quando já nada tem a oferecer... (FRANCO, 2007, p. 92.)

Buscam-se na história o registro e o aprendizado sobre a luta da mulher na conquista de direitos necessários, mas pouco se discute hoje sobre como essas mudanças influenciam nas relações pessoais dos casais, das famílias e dos grupos sociais mais próximos. É certo que cada nova conquista de direito leva a uma reorganização das rotinas da mulher e, por conseguinte, da maneira como ela se relaciona com o grupo, com sua família, com seu parceiro e com sua futura família, quer no campo psicológico, quer no social.

## 3.2.2 Desafios da paternidade

A história das conquistas femininas é bastante divulgada, mas o mesmo não se dá com a paternidade, ou melhor, com a perda do poder do chamado patriarcado. Para que se possa perceber a mudança, lançaremos mão novamente da obra de Therborn (2011), que usa o patriarcado como um dos três temas para comparar as sociedades em 1900 e em 2000. Escreve ele ao introduzir este tema: "No começo de nossa história, todas as sociedades importantes eram patriarcais. Não havia uma única exceção" (p. 33). É claro que o mundo da época, por conta de suas diferenças, especialmente de classes e de culturas, produzia diferentes tipos de patriarcados, com matizes, intensidades e mais ou menos capacidade de reagir positivamente a ventos de inovação e mudança.

Por sua vez, no modelo ocidental, que é nossa origem, podemos identificar o impacto de ações de obras antipatriarcais importantes, como *Sobre a sujeição das mulheres* (John Stuart Mill, 1869), *Casa de boneca* (Henrik Ibsen, 1879) e *O socialismo e a mulher* (August Bebel, 1879). Contrapondo-se a isso vem o forte apelo à manutenção do patriarcado contido na encíclica papal de Leão XIII, em 1891, que dizia:

> Assim como o grupamento político [...], a família é verdadeiramente uma associação [*veri nominis societas est*] que é governada por seu próprio poder [*potestate propria*], que neste caso é o pai [*paterna*]. (THERBORN, 2011, grifos no original.)

É desse período o surgimento de *O Livro dos Espíritos* (1857), codificado por Allan Kardec, que trazia explícita defesa dos direitos igualitários entre homens e mulheres, informando sobre as diferentes funções por conta das especificidades físicas de cada sexo.

Ao ensaiar a conclusão desse seu tema de estudo, Therborn (2011) enfatiza que, apesar de todas as mudanças percebidas ao longo do século que usa como parâmetro de estudo – duas grandes guerras, mudanças políticas e ideológicas importantes, avanços tecnológicos consideráveis etc. –, "isso não significou o desaparecimento do patriarcado da face da terra". Ele continua entrincheirado e recebeu apoio de movimentos neopatriarcais, "via de regra, com argumentação religiosa" (p. 161). Se não acabou, é certo que se retraiu em toda parte, como consequência de direitos e proteções a crianças e mulheres, de reformas socioeconômicas, políticas, culturais, trabalhistas que, em última análise, esvaziaram a autoridade plena de maridos e pais sobre suas filhas e esposas. Para surpresa e tristeza nossa, após longa e detalhada descrição do fenômeno do patriarcalismo no mundo, conclui o autor que:

> A despeito das tremendas e marcantes mudanças, é pesada a carga de dominação paterna e marital trazida para o século XXI. A longa noite patriarcal da humanidade está chegando ao fim. Está alvorecendo, mas o sol é visível apenas para uma minoria. (THERBORN, 2011, p. 195.)

Logo, voltemos à realidade brasileira e resgatemos Jablonski (1991), que propõe discutir os efeitos do movimento de emancipação feminina junto aos homens e suas funções de homem, de pai e de esposo.

Um dos indicadores mais marcantes sobre as mudanças ocorridas na vida do homem com o advento da emancipação feminina é o *tempo* que ele passou a disponibilizar na contribuição de tarefas domésticas.

Bruschini e Ricoldi (2012), em recente pesquisa, mesmo que em amostra restrita, apresentam números sobre o tempo disponibilizado por homens em tarefas domésticas. Informam as autoras que: (i) "A análise quantitativa mostrou que, em 2006, 51,4% dos homens declararam cuidar de afazeres domésticos, em contraposição a 90% das mulheres", e (ii) a diferença do tempo em relação ao número de horas semanais de dedicação aos afazeres domésticos, por sexo, é 10 horas (homens) e 25 horas (mulheres). A maior diferença de tempo é percebida na faixa etária dos homens de 30 a 39 anos, cuja dedicação está em torno de 10 horas, enquanto a das mulheres está em 27 horas na mesma faixa etária, conforme a tabela a seguir:

| Média de horas semanais dedicadas aos afazeres domésticos por pessoas de 10 anos ou mais, segundo o sexo e a faixa etária Brasil, 2006 | | |
|---|---|---|
| Faixa etária | Horas masculino | Horas feminino |
| 10 a 14 anos | 7,5 | 11,7 |
| 15 a 19 anos | 9,0 | 17,8 |
| 20 a 24 anos | 9,2 | 22,4 |
| 25 a 29 anos | 9,6 | 25,4 |
| 30 a 39 anos | 9,9 | 27,3 |
| 40 a 49 anos | 10,2 | 28,2 |
| 50 a 59 anos | 10,9 | 29,9 |
| 60 anos ou mais | 13,1 | 28,5 |
| Total | 10,0 | 24,8 |

Fonte: FIBGE, PNAD microdados, 2006.

As autoras também apontam que, quando se trata da renda, a participação cresce entre homens e decresce entre mulheres à medida que o rendimento se torna mais elevado, voltando a cair entre ambos os sexos na faixa mais elevada de rendimento". Informam que essa tendência ocorre possivelmente pela possibilidade financeira de contratar diaristas ou adquirir eletrodomésticos que permitam mudanças na rotina.

| Porcentagem de participação em afazeres domésticos por pessoas de 10 anos ou mais, segundo o sexo e o rendimento no trabalho principal Brasil, 2006 | | |
|---|---|---|
| **Faixa de rendimento** | **Masculino** | **Feminino** |
| Sem rendimento até 1 SM | 51,8% | 94,4% |
| De 1 a 3 SM | 52,8% | 90,8% |
| De 3 a 5 SM | 54,3% | 88,2% |
| De 5 a 10 SM | 53,3% | 83,5% |
| Mais de 10 SM e rendimento ignorado | 47,1% | 79,6% |
| Total | 51,4% | 90,2% |

Fonte: FIBGE, PNAD microdados, 2006.

Sobre o impacto da renda diferenciada entre os parceiros, a pesquisa recolhe interessante dado que as autoras chamam de "negociação da divisão de trabalho" e que nós preferimos identificar como ação da memória social ou inconsciente coletivo, como classificou a benfeitora em textos anteriores.

Vejam a narrativa:

> *E quando a mãe dele [do filho] está junto, por ela, como falei, ganhar mais, ela acha que eu tenho obrigação de fazer por ela. Sempre que ela está comigo, eu que faço tudo. **Ela fica de mera espectadora**, mesmo. E a gente briga por isso. **Não é porque ela tem um ganho maior, que eu sou obrigado a fazer tudo.** Vamos dividir. **Quando eu ganhar mais, você não vai precisar fazer mais.** Por isso, eu ajudo bastante.* (D., 33 anos, branco, solteiro, decorador de eventos, com filho de 3 a., cuja mãe [do filho] trabalha em grande empresa, com salário elevado.)

Parece que o conceito está entranhado no Espírito... Quando é o homem a ganhar mais, as mulheres são submetidas a rotinas às vezes vexatórias. Era de se esperar que, quando a mulher vivesse essa experiência, por reagir àquele conjunto de práticas não recomendadas a uma relação de companheirismo, mudasse o conjunto de ações. Mas não é o que mostra a pesquisa. Às vezes, a esposa reproduz exatamente a prática machista de submissão. Isso indica que este tema precisa ser mais explicitado entre as próprias mulheres, a fim de que não venham a multiplicar e alimentar o que buscam extinguir nas relações.

Jablosnski (1991), em sua pesquisa, identifica situações semelhantes e chamará nossa atenção para os sentimentos dos homens diante desse fenômeno. Escreve que os homens vivem sentimentos de perplexidade e de confusão. Esse tipo de sentimento pode ser explicado pelo fato de que as experiências que estão tendo no casamento não coadunam com o que viveram (e aprenderam). São, pois, incapazes de buscar na tradição vivida as ferramentas que lhes permitam replicar os modelos de família, de pai, de esposo, de amante, de parceiro etc.

Por mais que procurem manter-se esclarecidos acerca de direitos sobre os quais até concordam, a distância entre o que pensam e o que podem materializar no comportamento diário é grande. Eles foram treinados pela sociedade milenar para serem provedores e tratarem das coisas da porta da casa para fora. O exemplo da mulher que ganha mais e repete os estereótipos fortalece a ideia de vínculo entre o provedor e a ação externa, algo para se pensar muito!

### 3.2.3 Impactos da tecnologia

É muito comentado o impacto que a tecnologia causou na vida diária de pessoas e coletividades. Entretanto, temos poucas oportunidades de visualizar de forma objetiva, ou quantitativa, essas mudanças. Taylor e Wacker (1999) publicaram, oportunamente, uma pesquisa que identifica as mudanças ocorridas com os americanos entre os anos de 1960 e 1995, conforme o quadro abaixo. Podemos, de forma absolutamente didática, categorizar as mudanças percebidas na tabela como: de base tecnológica, de base social e de base econômica. A longevidade (3,8 milhões de americanos alcançaram 85 anos em 1995) é certamente uma mudança de base tecnológica, visto que isso se alcança por causa de políticas sociais, de infraestruturas que se aprimoram, de medicamentos mais eficazes e baratos, de equipamentos de análise médica etc.

Quadro com mudança no comportamento de americanos entre 1960 e 1995

| Em 1960 | Em 1995 | Causas prováveis |
|---|---|---|
| O pai americano típico conversava com seu filho 45 minutos por dia | Conversa apenas 6 minutos por dia | Avanços sociais que causam impactos na família |
| 23 milhões de mulheres trabalhavam por um salário | São 61 milhões | |
| Nasceram 224 mil bebês de mães solteiras | 1,3 milhões de filhos de mães solteiras | |
| A criança típica tinha 1 conjunto de pais e 2 conjuntos de avós | Tem 2,5 conjuntos de pais e 6 conjuntos de avós | |
| A pessoa típica tinha um emprego e uma carreira em sua vida profissional | Tem expectativa de sete empregos e duas carreiras | Mudanças nos modelos econômicos |
| O americano típico era de classe média | É pobre ou rico | |

Famílias(s): uma visão espírita sobre os novos arranjos e as velhas buscas

| Em 1960 | Em 1995 | Causas prováveis |
|---|---|---|
| 925 mil americanos tinham 85 anos ou mais | O americano típico era de classe média | |
| 45,7 milhões de domicílios tinham televisão com apenas um aparelho por domicílio | 95 milhões de domicílios com 213 milhões de aparelhos | |
| O computador típico conseguia processar menos de 1,5 MIPS (milhões de instruções por segundo) e atendia a 550 pessoas | 150 MIPS e atende a apenas uma pessoa | Avanços da tecnologia que causam impactos na sociedade e na família |
| O executivo principal típico viajava 19.320 quilômetros por ano | Viaja 180.320 quilômetros por ano | |
| O setor econômico mais importante dos EUA era a indústria | O setor mais importante é o das ideias | |
| Uma pessoa típica tinha que aprender uma habilidade por ano para prosperar no trabalho | Tem que aprender uma habilidade por dia | |

Fonte: elaborado pelo autor a partir de Taylor e Wacker (1999).

Alguns desses itens percebidos entre 1960 e 1995 estão muito ligados aos temas de nosso estudo, como o aumento de 23 milhões para 61 milhões de mulheres que trabalham por um salário (emancipação feminina) ou o aumento de 224 mil para 1,3 milhões de bebês nascidos de mães solteiras (famílias monoparentais) e, por fim, para não sermos exaustivos, o fato de que o pai americano típico conversava, em 1960, 45 minutos com seus filhos e passou a 6 minutos diários, em 1995 (desafios da paternidade). Todas

Alvaro Chrispino

essas mudanças, sejam elas provocadas por fenômenos tecnológicos, sociais ou econômicos, causam mudanças nas relações familiares, ou, em outras palavras, causam impacto na **Dimensão do Companheirismo.** Esses impactos podem surgir por motivações externas – que atraem atenção para fora da relação, utilizando-se do tempo antes dedicado às trocas afetivas – ou motivações internas, quando trocam o tempo dedicado às relações por outros motivadores dentro do espaço de relação do próprio casal ou da família.

Analisemos, por exemplo, o impacto da televisão. Jablonski (1991, p. 170), citando estatística daquela época sobre o tempo utilizado em frente à televisão, informa que um adulto de 60 anos passa em média 9 anos na frente da TV (segundo Lewin) e 90% das crianças em idade pré-escolar pedem alimentos e brinquedos que viram em propagandas de TV (segundo Aronson). Lembra o autor que a televisão passou a ocupar um espaço de contato direto com o grande público, antes ocupado pela família, pela escola e pelas igrejas.

Uma das questões mais delicadas e importantes da análise de impactos da tecnologia é a identificação de impactos indiretos. Um exemplo clássico de Coates (1971 apud Bazzo, Linsingen e Pereira, 2003) sobre as consequências da televisão pode mostrar a importância dessa questão. Ele identifica as diversas e possíveis ordens de impacto da TV na rotina das famílias:

- **Primeira ordem**: nova fonte de entretenimento e diversão nos lares.
- **Segunda ordem**: mais tempo em casa, deixa-se de ir a cafés e bares onde se viam os amigos.

- **Terceira ordem**: os residentes de uma comunidade já não se encontram com tanta frequência e deixa-se de depender dos demais para o tempo de lazer.

- **Quarta ordem**: os membros de uma comunidade começam a ser estranhos entre si; aparecem dificuldades para tratar os problemas comuns; as pessoas começam a sentir maior solidão.

- **Quinta ordem**: isolados dos vizinhos, os membros das famílias começam a depender mais uns dos outros para a satisfação de suas necessidades psicológicas.

- **Sexta ordem**: as fortes demandas psicológicas dos companheiros geram frustrações quando não se cumprem as expectativas; a separação e o divórcio crescem.

- **Sétima ordem** (acrescentamos): o baixo custo e o crédito facilitado permitem a compra de vários aparelhos de TV para uma mesma casa. A TV a cabo permite que cada membro possua sua televisão, escolha seus programas, crie seu universo próprio, dificultando a interação e a convivência.

- **Oitava ordem** (acrescentamos): o surgimento e o barateamento dos *smartphones* permitiram maior individualização das escolhas de cada um, visto que agora ele pode assistir ao que escolheu em qualquer momento do dia.

O tempo de dedicação dos membros da família e dos parceiros do casal à televisão – e agora às redes sociais por meio dos *smartphones* – afeta a intensidade e a qualidade de suas relações. Se considerarmos que um casal adulto e produtivo possui emprego que, em média, solicita 9 horas de

# Alvaro Chrispino

trabalho por dia, mais 2 horas, em média, de transporte, teremos que são consumidas 11 horas do dia. Acrescente-se a isso o tempo gasto diante da TV e teremos reduzido o tempo para o diálogo, as relações de ternura, o companheirismo. Sendo assim, esse é um tema que merece a atenção e o cuidado daqueles que se dispõem a construir uma relação baseada na **Dimensão do Companheirismo**.

Quanto ao uso da *Internet*, temos uma síntese dos principais indicadores da área:[23]

> Segundo o **Ibope Media**, somos 94,2 milhões de internautas tupiniquins (dezembro de 2012), sendo o Brasil o 5º país mais conectado. De acordo com a Fecomércio-RJ/Ipsos, o percentual de brasileiros conectados à Internet aumentou de 27% para 48%, entre 2007 e 2011. O principal local de acesso é a lan house (31%), seguido da própria casa (27%) e da casa de parente de amigos, com 25% (abril/2010). O Brasil é o 5º país com o maior número de conexões à Internet.
>
> [...] Desde que esta métrica foi criada [tempo médio de navegação], o Brasil sempre obteve excelentes marcas, estando constantemente na liderança mundial. Em julho de 2009, o tempo foi de 48 horas e 26 minutos [por mês], considerando apenas a navegação em sites. O tempo sobe para 71h30m se considerar o uso de aplicativos on-line (*MSN, Emule, Torrent, Skype* etc.). A última marca aferida foi de 69 horas por pessoa em julho de 2011.

Novamente, as reflexões devem ser as mesmas. As teletecnologias – tecnologias telemáticas ou tecnologias de telecomunicações – invadem a vida do cidadão e causam expectativas de consumo (de novos aparelhos e de novas velocidades), além de criarem novas e irreversíveis maneiras de

---

23. Disponível em: <https://tobeguarany.com/internet_no_brasil.php>. Acesso em: 10 de março de 2013.

Famílias(s): uma visão espírita sobre os novos arranjos e as velhas buscas

se comunicarem e mesmo de se relacionarem. Javier Echeverría (2000), filósofo espanhol dedicado aos impactos sociais da tecnologia,diz que há uma intencionalidade na construção de aparatos tecnológicos (logo, não podemos falar em tecnologias neutras), há um impacto objetivo quando o aparato tecnológico chega para o consumo da sociedade, há aparatos tecnológicos que provocam uma reestruturação das rotinas e do modo de ser das comunidades e há objetos tecnológicos que modificam relações e funções sociais, e nós acrescentaríamos pessoais também. Sendo isso verdadeiro, é de se esperar que os parceiros preocupados na construção de uma relação de companheirismo estejam atentos para os impactos que os aparatos tecnológicos podem causar na relação e na família.

Sobre esse tema, os Espíritos também nos chamam a atenção e apontam algumas questões. Joanna de Ângelis, em *Constelação familiar*, escreve:

> [...] As comunicações virtuais que isolam nos lares as pessoas, afastando-as da convivência salutar, como medida de precaução contra problemas, que, no entanto, são gerados através da *Internet*, mediante vinculações perigosas que têm gerado graves desastres emocionais em muitos de seus aficionados. (FRANCO, 2008, p. 63.)

> O isolamento a que se entregam os indivíduos contemporâneos, especialmente nestes dias de comunicação virtual, trabalha em favor de conflitos mais graves do que aqueles que já se lhes instalaram, empurrando-os para distanciamentos físicos cada vez maiores, em que perdem a sensibilidade da convivência, o calor da amizade, e os anseios que os movem são sempre pertinentes aos interesses financeiros, aos gozos sexuais, quando não, às perversões que grassam avassaladoras. (FRANCO, 2008, p. 106.)

Difícil construir espaços de companheirismo tendo que disputar tempo e atenção com o imenso aparato tecnológico que, aos poucos, vai escravizando os homens numa nova forma de dependência, agora de base tecnológica, cujo caminho e destino ainda não sabemos precisar.

### 3.2.4 Um esforço de síntese: a visão dos Espíritos

Neste item de nosso estudo, buscamos construir um caminho entre duas dimensões extremas, mas que se comunicam. A **Dimensão do Companheirismo** deve oferecer uma alternativa àqueles parceiros que iniciaram sua relação pela esfera do contato físico, área própria da **Dimensão da Sexualidade**. Essa conexão é indispensável para quando – e isso ocorrerá mais cedo ou mais tarde – os parceiros sexuais, cônjuges ou não, alcançarem o esgotamento das trocas de hormônios físicos e emocionais, e/ou, envolvidos pelo carinho físico, optem desde antes pela construção de relação fundada na ternura e na convivência. Neste momento, iniciam, sem abdicar do estágio de partida, uma nova fase, tendo que aprender a conviver, a tolerar, a falar, a ouvir, aprender a reaprender todos os dias. Essa dimensão pode facultar um bom caminho para o atingimento da terceira dimensão: a da afetividade.

A mentora Joanna de Ângelis, no livro *Amor, imbatível amor*, escreve-nos sobre o importante exercício da convivência, da amizade e do companheirismo, como meio de atingirem-se emoções mais profundas e realizadoras:

> Em verdade, o que mantém o matrimônio não é o prazer sexual, sempre fugidio, mesmo quando inspirado pelo amor, mas a amizade, que responde pelo intercâmbio emocional por intermédio do diálogo, do interesse nas realizações do outro, na convivência compensadora, na alegria de sentir-se útil e estimado.

[...] O matrimônio, fomentando o companheirismo, permite a plenificação do par, que passa a compreender a grandeza das emoções profundas e realizadoras, administrando as dificuldades que surgem, prosseguindo com segurança e otimismo. (FRANCO, 2010, p. 32-33.)

Por fim, em *Encontro com a paz e a saúde*, a benfeitora oferece-nos um alerta sobre dificuldades que podem surgir, complicando essa busca de parceria constante:

> A parceria de qualquer natureza é uma conduta na qual os seus membros comprometem-se a cooperar reciprocamente, em favor do interesse comum, respeitando a área de liberdade em que cada qual se encontra.
>
> No caso específico de um relacionamento afetivo, a questão adquire maior significado, em face da constância pela convivência, em que não pode haver qualquer forma de castração, de modo que não sejam geradas animosidades em nenhum deles. (FRANCO, 2007, p. 75-76.)

### 3.3 Dimensão da Afetividade

A terceira dimensão do modelo de estudo que propomos para a análise do matrimônio é a **Dimensão da Afetividade**.

Antes de tratarmos dela propriamente, é interessante conhecer a história que leva a esse estágio. A história do casamento não é a história do casamento por amor. Logo, vamos conhecer, mesmo que rapidamente, essa história e as muitas trajetórias possíveis para chegarmos à "terra prometida" da **Dimensão da Afetividade** no matrimônio.

Therborn (2011), ao preparar o texto da segunda parte de sua obra, na qual trata do casamento e das mutações da ordem sociossexual, lembra-nos de que o casamento é uma instituição sociossexual e, no esforço de comparar o casamento em diversas culturas e no tempo (1900-2000), identificou três aspectos relevantes. O primeiro aspecto é o do casamento como regulação sexual. Não há nada de romantismo nos primórdios do matrimônio. A prole criava consequências distintas para as classes rica e pobre. Para a última, uma boca a mais para alimentar e a diminuição da capacidade de trabalho da mulher/mãe; para a primeira, produzia herdeiros e estabelecia a linhagem. Logo, o casamento deveria regular a sexualidade (da mulher, visto que a dupla moral sempre foi cúmplice da infidelidade e do exercício sexual pré-marital do homem). Sobre isso, Therborn escreve lembrando antigo relato chinês:

> No início, os homens não diferiam em nada dos outros animais em seu modo de vida. Como se movimentavam para lá e para cá nas florestas e as mulheres ficavam nas comunidades, acontecia que as crianças nunca conheciam seus pais, somente suas mães. O ato sexual indiscriminado foi então abolido e o casamento instituído pelo imperador [Fu Xi]. (THERBORN, 2011, p. 198.)

O segundo aspecto é que o casamento é um "arranjo para a procriação, uma maneira de cuidar do fruto da sexualidade, de firmar descendência legítima e definir responsabilidades últimas ou principal pela criação" (p. 199).

O terceiro informa que o casamento "tem sido um importante veículo de integração social e de divisão social" (p. 199). Rede de alianças se forma ou se rompe por meio de casamentos, que também servem para estabelecer o *status* social do adulto e formar o domicílio do casal.

Dada a dificuldade de se definir o amor e estabelecer como medi-lo, tal como se pode fazer com a agressão, o altruísmo, o preconceito etc., podemos apelar, como propõe Myers (2000), para Elizabeth Barret Browning, que disse:

"Como te amo? Deixe-me contar as maneiras". Desse modo, na impossibilidade de conceituar ou definir amor – nos objetivos deste trabalho –, vamos analisar as maneiras de amar e as maneiras para alcançar esse amor.

### 3.3.1 Idealização

Jablonski (1991) informa que, na paixão, "vestimos a pessoa que amamos com as roupas que gostaríamos de ter" (p. 74). Lembra também que, quando conhecemos alguém interessante numa festa ou recepção e nos encantamos, nada sabemos efetivamente sobre ela. "Ou seja, você na verdade não conheceu ninguém. Ainda vai conhecer" (p. 75), mas já se formou uma ideia sobre a pessoa a quem se dirige a paixão.

Ele esclarece, ao escrever que:

> Da mesma forma, aos treze anos uma adolescente pode apaixonar-se por um ídolo do *rock* internacional; aos quinze, por um ídolo do *rock* nacional; aos dezessete, por um astro de novela; aos dezenove, pelo rapaz mais desejável da universidade; aos vinte e um, por um rapaz legal e interessante; acima de vinte e três, o amigo do irmão está de bom tamanho. Assim, o amadurecimento pode até ir diminuindo os limites da idealização, embora não a eliminando. (JABLONSKI, 1991, p. 75.)

A veneranda Joanna de Ângelis trata desse tipo de paixão ao escrever que:

> Nas experiências primeiras do amor, a imaturidade em torno do processo afetivo conduz à paixão.
>
> A opção exacerbada, quase sem lucidez, em torno da pessoa ou do objeto elegido, nesse momento torna-se uma necessidade, sem a qual a vida perde o sentido.
>
> Instalada a paixão, a monoideia em torno do que se aspira transforma a existência em um tormento que somente parece acalmar-se quando se consegue satisfazê-lo.

> Da mesma forma, porém, que surge, à semelhança de um incêndio voraz em palha seca, à medida que o combustível desaparece, as chamas diminuem até se apagarem, quase não deixando vestígios, exceto em forma de cinzas... (FRANCO, 2007, p. 159.)

Logo, o outro, que é objeto da paixão, é um ser inicialmente construído pelas nossas buscas, desejos, ambições, frustrações. Parece-nos muito próprio lembrar aqui do "conhece-te a ti mesmo", com o objetivo de saber o que em nós se projeta na busca, na identidade e na atração do parceiro(a).

Jablonski (1991) lembra que a diminuição da idealização é a principal característica que distingue o chamado amor-paixão do chamado amor-companheiro.

### 3.3.2 Amor-paixão e amor-companheiro

O amor-paixão, ou amor romântico, segundo Myers (2000), caracteriza-se por ser:

> [...] Emocional, excitante, intenso. [...] Um estado de intenso anseio pela união com a outra pessoa. [...] Se retribuída, a pessoa se sente realizada e alegre; se não, a pessoa se sente vazia ou desesperada.
>
> [...] O amor romântico é o que você sente quando não apenas ama alguém, mas também quando está "apaixonado". (MYERS, 2000, p. 248.)

Esse estado é relacionado ao *eros* (paixão).

Enquanto o amor-paixão se mantém, é possível perceber diversas características: vontade de partilhar emoções, experiências e sonhos, atração sexual, busca de intimidade, despreocupação com normas sociais, embevecimento, variação de humor, falta de apetite, insônia etc. Mas, quando o amor-paixão esfria, e se a relação "vinga", o amor-paixão pode transformar-se em amor-companheiro, no qual a ternura, a amizade, o companheirismo e a convivência passam a ocupar o espaço da relação. "Perde-se o príncipe encantado/princesa encantadora dos estágios iniciais e ganha-se o(a) companheiro(a)", como escreve Jablonski (1991, p. 76), complementando de forma objetiva e esclarecedora: "Assim, se o amor-paixão faz, nos dias de hoje, 'acontecer' os casamentos, é o amor-companheiro que vai mantê-los" (p. 77).

O amor-paixão serve de inspiração para filmes e novelas, favorecendo a disseminação desse modelo, o que leva os jovens a buscá-lo como ideal. Criam seus próprios contos de amor-paixão, distanciando-se do processo da realidade que todo dia pede o amadurecimento das emoções. Alguns adultos desencarnam ansiando viver um grande, incomensurável, indescritível amor-paixão que nunca chegará. E é esperado que seja assim, visto que desde a Idade Média a literatura e as artes apresentam essa forma, como mostram *Romeu e Julieta, Tristão e Isolda, Lancelot e Guinevere, Abelardo e Heloísa, As pontes de Madison,*[24] *Love Story*[25] etc., para ficar em poucos exemplos.

Myers (2000) informa que o tempo médio do amor-paixão é de três anos e traz o depoimento de Nisa, uma mulher *!Kung San*, do deserto africano de Kalahari:

> Quando duas pessoas ficam juntas pela primeira vez, seus corações pegam fogo, e a paixão é muito grande, Depois de algum tempo, o fogo esfria, e é assim que permanece. Elas continuam a se amar, mas de uma maneira diferente... afetuosa e confiável. (SHOSTAK, 1981 apud MYERS, 2000.)

---

24. Filme americano de 1995, dirigido por Clint Eastwood, com Meryl Streep, Clint Eastwood e outros.
25. Filme americano de 1970, dirigido por Arthur Hiller.

Sobre estes estágios inicial e final de que tratamos, também escreve a benfeitora Joanna de Ângelis:

> A paixão quase sempre resulta de desejos sexuais não atendidos, de ambições do *ego* não equilibrado, de competições inconscientes em vãs tentativas de afirmação da personalidade. Em alguns casos, é porta de acesso para a futura instalação do amor, porque o sentimento arrebenta as reservas emocionais, desamarra as inibições constrangedoras e, quando acalmada a explosão dos desejos, propicia o surgimento de dúlcidas vibrações do bem-querer, do participar de outras vidas, do prolongar-se na direção de outrem, de envolvimentos afetivos que resultam saudáveis. (FRANCO, 2007, p. 161.)

É um fator muito estudado o chamado afrouxamento dos laços amorosos, comum nos relacionamentos longos. É comum ouvir que "o amor acabou" e contabilizar os episódios de relações extraconjugais, na busca da reedição daquele prazer intenso do início do relacionamento. A falta de preparação para o casamento impede que os casais cujos laços se afrouxaram saibam que "a resposta sexual para com um(a) parceiro(a) familiar é menos intensa do que para um(a) novo(a) parceiro(a)" (JABLONSKI, 1991, p. 79). Sendo assim, a busca do prazer externo e intenso é uma opção de difícil retorno, visto que se assemelha ao sedento que busca água salgada para beber: a sede não passa nunca, apesar de beber "água".

A importância dos valores partilhados nos relacionamentos pode ser mais bem avaliada quando comparamos a duração de casamentos por amor e casamentos por conveniência. As pessoas casadas por amor declaram uma diminuição do amor após 5 anos de casamento. Por outro lado, aqueles casados por conveniência informam que, no mesmo período, sentiam mais amor por seu parceiro(a) (MYERS, 2000, p. 250).

Jablonski (1991, p. 94) afirma que "casamentos por amor começam quentes e vão esfriando, casamentos arranjados começam frios e vão esquentando", e também que, "neste processo, compatibilidade e preocupações mútuas levariam a uma forma de amor 'maduro', nem de longe tão quente quanto o amor hollywoodiano, mas em longo prazo mais durável e realista".

Logo, o amor pode crescer e amadurecer quando há cuidado para tal, assim como pode atrofiar e esmaecer quando não tratado.

A pesquisa realizada por Jablonski (1991) traz interessantes informações sobre o que se busca no casamento e o que faz um casamento durar:

- Os jovens solteiros dizem que buscam o "amor"; os demais (casados, separados, viúvos etc.), que buscam o "companheirismo".

- Quando perguntados sobre o que faz um casamento durar, os jovens solteiros dizem "amor". Para os que viveram algum tipo de relação conjugal, o "amor" está em segundo lugar e em primeiro está o "respeito mútuo".

Até aqui, construímos um caminho onde a sexualidade pode levar ao companheirismo, ou o amor-paixão pode se aprimorar e se tornar amor-companheiro. Caminhamos no eixo do amor de *eros* (paixão) para *storgé* (amizade) e *philos* (fraternidade).

Agora, parece-nos possível tocar no amor *ágape* (amor incondicional, de escolha deliberada) que, aqui para nós, será tratado como afeto, a fim de evitar a idealização daquele amor que achamos inatingível, intocável.

### 3.3.3 Afetividade

Nossa trajetória de estudos contemplou até aqui duas dimensões de possíveis análises acerca do matrimônio: a **Dimensão da Sexualidade** e a **Dimensão do Companheirismo**. Cada uma delas possui características próprias e marcantes a respeito das relações entre parceiros conjugais ou não. Podem ser portas de entrada diferenciadas, assim como podem ser vistas como dimensões sequenciais em um processo de aprimoramento, o que faz com que a anterior – **Sexualidade** – seja absorvida pela posterior – **Companheirismo**. Antes de deixar de existir, a **Dimensão da Sexualidade** sofre um processo de qualificação de suas práticas e trocas pela potencialização da **Dimensão do Companheirismo**.

O mesmo processo pode ser percebido com a próxima dimensão, a **Dimensão da Afetividade**. Ela recepciona, em um eixo de aprimoramento, as relações de parceiros(as) que estagiam na **Dimensão do Companheirismo** e que conseguem, após exercício paulatino e continuado, galgar um novo estágio de qualificação da emoção. As dimensões absorvidas pela **Dimensão da Afetividade** – Sexualidade e **Companheirismo** – não deixam de existir, mas passam por energização própria, oriunda da dimensão que as absorveu, que "desempenha importante labor, qual seja o desenvolver de amar com lucidez" (FRANCO, 2009, p. 74).

A afetividade pode ser conceituada como "o conjunto de fenômenos psíquicos que são experimentados e vivenciados na forma de emoções e sentimentos", conforme nos apresenta o *Dicionário Houaiss*.

No conjunto sincrônico de conceitos em evolução do amor, a afetividade é *ágape*.

A mentora Joanna de Ângelis trata de afetividade em diversos pontos em sua vasta produção. Destacamos, para os fins que necessitamos, dois momentos. Na obra *Atitudes renovadas*, a mentora diz que "a afetividade é mensagem do amor de Deus, estimulando as vidas ao crescimento e à sublimação" (FRANCO, 2009, p. 77). Dando continuidade ao tema, no livro *O despertar do Espírito*, ela afirma que:

> Afetividade é o passo avançado no processo dos relacionamentos, principalmente quando se trata daqueles que mantém comunhão sexual.
>
> Todo relacionamento conjugal ou compromisso emocional com o parceiro afetivo é um investimento emocional, correndo o risco de não se coroar de satisfação que se espera auferir. Isto porém ocorre em todos os fenômenos da vida humana e social. Quando os resultados não são opimos, fica a valiosa lição da aprendizagem para futuros e melhores tentames da felicidade. (FRANCO, 2000, p. 145.)

Podemos, pois, sintetizar os ensinos e dizer que a afetividade "desenvolve a faculdade de amor com lucidez" e "é o passo avançado no processo dos relacionamentos [...] que mantém comunhão sexual".

Dessa forma, para os parceiros, conjugais ou não, que mantém relacionamentos sexuais estáveis, firmados pelo respeito mútuo, a busca pela afetividade é o caminho para a plenitude da relação. Para aqueles que se encontram no aprimoramento do companheirismo, a afetividade é a busca que principia o estado de amar.

Eis motivos superlativos para que casais conjugais ou parceiros nos diversos estágios do amor (*eros, storgé, philos*) e nas duas primeiras dimensões busquem a afetividade e se entreguem ao exercício de aprendizagem de amar. Ocorre que:

> Nem todos os seres, no entanto, encontram-se aptos a amar, porquanto nem sempre aprendem como se ama e como se expressa o amor.
> Quem não recebeu amor não sabe o que ele significa, nem como brindá-lo. Especialmente que lhe sofreu a carência na infância, ressente-se por toda a existência, tendo dificuldade de identificá-lo, quando surge, ou expressá-lo, quando já o possui. [...] Eis por que é necessário aprender-se a amar, porquanto o amor também se aprende, aprimorando-se incessantemente. (FRANCO, 2003, p. 28-29.)

Esse amor que se pode aprender resulta do treinamento e dos exercícios repetitivos que no início exigem mais dedicação, mais cuidado e mais atenção dos parceiros, o que vai melhorando em qualidade com o passar do tempo e da persistência dos exercícios de amar.

Esses exercícios de amar podem ser demarcados por etapas didáticas que auxiliam nos esforços, partindo da insatisfação reinante na relação ou da decisão madura de que o investimento na relação vale a pena, é possível iniciar com **pequenas conquistas emocionais** – manifestadas no carinho, no auxílio geral, na preocupação com o bem-estar do(a) outro(a) etc. – que resultam no **estreitamento de laços** e na **ampliação do sentimento**. "Estreitam-se pelo fato de aprender-se união com outrem e ampliam-se mediante a capacidade de entendimento dos limites do outro" (FRANCO, 2009, p. 74).

Todas as vezes que nos referimos à necessidade de "desenvolver a capacidade de amar, porque o amor também é aprendido" (FRANCO, 2009, p. 73), referimo-nos às relações entre parceiros. Sucede-se que esse exercício de amor não pode descuidar de aspectos que envolvem a individualidade, que, reconhecendo possuir o direito à felicidade, opta por buscar estágios mais aprimorados do sentimento. Esses aspectos são o autoamor e o esclarecimento da função emocional do(a) parceiro(a) na relação. Devemos partir da premissa de que ninguém oferecerá amor a outrem se não o possuir em si. Logo, "o amor-próprio saudável é fundamental nos relacionamentos humanos, em particular nas parcerias afetivas, no matrimônio ou não, quando direcionado para o processo de autoiluminação" (FRANCO, 2003, p. 125).

O outro aspecto individual que deve receber atenção na construção das relações afetivas é o equívoco de esperar da outra pessoa que ela lhe complete a emoção, depositando nela a esperança pessoal da autorrealização.

A benfeitora ressalta que:

> Um solitário quando se apoia em outro indivíduo, que também tem necessidade afetiva, forma dupla de buscadores a sós, esperando aquilo que não sabem ou não desejam oferecer. É claro que esse relacionamento está fadado ao desastre, à separação, em face de se encontrarem ambos distantes um do outro emocionalmente, cada qual pensando em si mesmo, apesar da proximidade física. (FRANCO, 2009, p. 73, grifos nossos.)

É certo que a identificação da insatisfação emocional impulsionaria a busca por emoções mais qualificadas, a escolha por um permanente exercício de amor, apesar da dificuldade que é superar os instintos, o aprimoramento do amor-próprio e a oferta do amor ao parceiro(a), sem exigir-lhe a missão injustificável de ocupar as lacunas de nossa emoção, e tudo isso só se justifica se possuirmos uma visão do ser humano e do mundo que transcenda os limites estreitos do corpo físico, do qual nos utilizamos no mundo. Sem essa visão dilatada da imortalidade da alma e de estarmos em tarefa de aprendizagem na vida física, o esforço perde sentido (direção) e significado (valor).

Por isso, é indispensável lembrar a advertência da mentora Joanna de Ângelis:

> Buscando-se a essência espiritual que se é, o amor nutre-se da própria energia. Após a descoberta de quem se é e para que se encontra na Terra, alarga-se, então, no rumo do próximo, a fim de experienciar-se o companheirismo, experimentar-se o relacionamento, adquirir-se sabedoria na convivência, desenvolvendo-se os sentimentos essenciais encarregados das emoções superiores da vida. (FRANCO, 2003, p. 151.)

Então, podemos sintetizar que o **amor pode ser aprendido** e que esse aprendizado pode ter início em muitos pontos da longa jornada da maturidade emocional. De qualquer ponto em que estejamos estagiando, é possível traçar um projeto de aprendizado na direção do amor pleno, que nos preencherá e nos permitirá ter o que oferecer, em quantidade, no grande banquete da paz interior, que deve ser a relação entre as almas que se elegeram parceiros na vida.

### 3.3.4 Longevidade ou o tempo que temos para aprender a amar

Jablonski (1991), no seu livro intitulado *Até que a vida nos separe – a crise do casamento contemporâneo*, apresenta, entre vários motivos para as separações conjugais, a longevidade que caracteriza a sociedade contemporânea. Em sua justificativa, explica que, na época de Roma, a expectativa de vida era de 40 anos em média e que, "antes do século XX, muitos casamentos terminavam com a morte de um dos parceiros ainda jovens. As atribulações dos trabalhos de parto, em especial, causavam a morte prematura de esposas" (BREHM apud JABLONSKI, 1991, p. 87).

Continua o autor, lembrando o demógrafo Uhlenberg, que, ainda em 1900, mais da metade das crianças que conseguiam sobreviver e chegavam aos 15 anos de idade eram órfãos de pelo menos um dos pais. Nesse capítulo, Jablonski defende que a longevidade – ocasionada pela melhoria da saúde pública, pelo avanço das técnicas da medicina e da tecnologia etc. – fez com que os parceiros conjugais vivessem muito mais do que antes e por isso não eram separados no casamento pela morte prematura (e comum) de um deles... A longevidade das relações (despreparadas) ocasionaria as separações identificadas nas estatísticas. Para analisarmos tal hipótese, convém conhecer a expectativa média de vida da população atual e sua evolução ao longo dos anos.

Quadro com taxa de fecundidade total, taxa bruta de natalidade, taxa bruta de mortalidade, taxa de mortalidade infantil e expectativa de vida ao nascer, por sexo, segundo as Grandes Regiões e as Unidades da Federação – 2009

| Grandes regiões | Expectativa de vida ao nascer | | |
|---|---|---|---|
| | Total | Homens | Mulheres |
| **Brasil** | 73,1 | 69,4 | 77,0 |
| **Norte** | 72,2 | 69,3 | 75,1 |
| **Nordeste** | 70,4 | 66,9 | 74,1 |
| **Sudeste** | 74,6 | 70,7 | 78,7 |
| **Sul** | 75,2 | 71,9 | 78,7 |
| **Centro-Oeste** | 74,3 | 70,9 | 77,8 |

Fontes: Projeto IBGE/Fundo de População das Nações Unidas - UNFPA/ BRASIL (BRA/02/P02), População e Desenvolvimento: Sistematização das Medidas e Indicadores Sociodemográficos Oriundos da Projeção da População por Sexo e Idade, por Método Demográfico, das Grandes Regiões e Unidades da Federação para o Período 1991/2030; e Pesquisa Nacional por Amostra de Domicílios 2008.

As pirâmides etárias com as populações de 1980 e 2015 e com a projeção da população em 2050[26] permitem uma visão privilegiada dessa mudança.

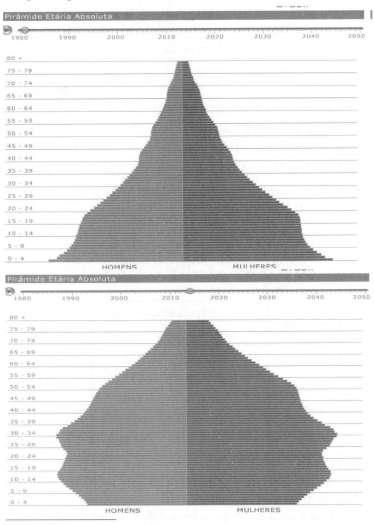

26. Ver o programa de simulação ano a ano em: <http://www.ibge.gov.br/home/estatistica/populacao/projecao_da_populacao/2008/piramide/piramide.shtm>. Acesso em: 24 de maio 2017.

Famílias(s): uma visão espírita sobre os novos arranjos e as velhas buscas

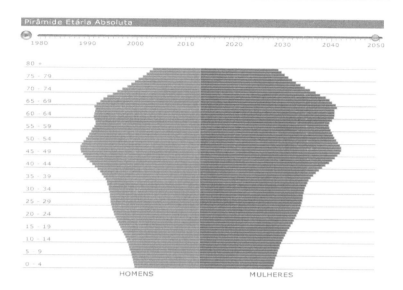

Identificamos, sem maior esforço, a mudança da base da pirâmide, demonstrando a diminuição de nascimentos (taxa de fecundidade), na atualidade, identificamos uma maior participação da faixa etária ente 30 e 34 anos e, para a projeção em 2050, percebe-se um importante aumento de idosos na faixa de 80 anos ou mais. A comparação das pirâmides etárias dos extremos deixa claro que um número maior de pessoa alcança a idade avançada, o pico da pirâmide vai, de tal forma se expandindo, que se aproxima cada vez mais do que se pode chamar de "quadratura da pirâmide". Os parceiros, ou potenciais parceiros, estão vivendo mais, realmente.

Sendo isso verdade – e é –, o tempo de duração das relações é efetivamente maior. A longevidade é um fator a ser considerado nas relações que se pretendem duradouras. O que chamou a atenção do autor da pesquisa é que, "curiosamente, o fator longevidade não é nem de longe avaliado pelas pessoas como tendo alguma responsabilidade na crise do casamento" (JABLONSKI, 1991, p. 92).

Alguns fatores criados pela longevidade podem afetar de forma importante as relações afetivas e merecem de nós atenção. Acerca disso, discorre o autor:

> [...] Mais tempo de vida produz de fato alterações significativas na maneira de se encarar as coisas, sejam elas prazerosas ou adversas.
> O forte apelo em prol de constantes mudanças pode estar precipitando uma indesejável generalização, até para áreas ligadas aos relacionamentos afetivos. Novelas, filmes e letras de músicas indicam que pessoas em todos os recantos do mundo estão vivendo sempre novas e arrebatadoras paixões, gozando plenamente suas vidas e sua sexualidade ao lado de novas(os) companheiras(os) descobertas(os) em um passeio, numa festa, na fazenda ou numa casinha de sapê.
> [...] A síndrome do ninho vazio. A situação na qual marido e mulher, unidos, já criaram os filhos, que por sua vez já constituíram suas famílias, abandonando a "casa materna". O casal idoso passa a vivenciar o "ninho vazio", às vezes literalmente. Entre o nascimento do primeiro filho e a saída do caçula via casamento, pode-se contar de vinte a quarenta anos. O que sobra pode ser contabilizado principalmente como sensação de dever cumprido, além do auxílio na criação dos netos.
> [...] Quando a última criança deixa a casa, os pais se entreolham e se perguntam: quem é este estranho que deixaram aqui comigo nessa casa vazia? (JABLOSNKI, 1991, p. 90-99.)

Parece ficar claro que a longevidade expõe aos parceiros a sua maior fragilidade: não aprenderam a amar. Ocuparam-se durante toda a vida com as tarefas próprias da paternidade e da maternidade (educação de filhos, atividades de formação profissional, carreira profissional, atividades sociais diversas etc.) e depois de alguns anos estão sem esses fatores que lhes ocupavam o tempo e a atenção, podendo finalmente fazer aquilo que nunca tiveram tempo de fazer: amar. Acontece que não aprenderam a amar.

Gostaríamos de sugerir, a partir da longevidade, uma alternativa à análise feita por Bernardo Jablonski. Assumamos que a longevidade é um fato, que acarretará maior tempo de convivência com parceiros, conjugais ou não, e que, em vez de nos assustarmos com essas possibilidades, aproveitemos o tempo para, primeiro, identificarmos onde estamos no eixo que dá suporte aos vários níveis de amor; segundo, utilizemos o tempo que nos resta – comparado à média –, para realizarmos um grande projeto de construção da felicidade, que se inicia com o autoamor, para, depois, seguir as etapas que descrevemos ao longo deste trabalho. A tabela a seguir informa, por faixa etária, qual a vida média[27] do brasileiro; encontre sua idade e veja a estimativa.[28]

Encontrou sua faixa etária? Viu sua expectativa de vida física? Imediatamente calculou quanto tempo lhe resta até refazer o caminho de volta ao Mundo original. E seu parceiro(a)? Tente imaginar em que ponto dos níveis de amor você se encontra estagiando: *eros*, *storgé*, *philos* ou mesmo *ágape*.

Faça um projeto de construção da sua própria felicidade.

Aprender a amar é um convite que solicita tempo de aprendizagem, foco no planejamento e persistência no cotidiano.

---

27. De acordo com o IBGE: "Além da esperança de vida ao nascer, as Tábuas de Mortalidade também permitem calcular a vida média para cada idade, para ambos os sexos e para cada sexo em separado. Em 2010, um homem de 40 anos teria, em média, mais 35,1 anos de vida, e uma mulher da mesma idade, mais 40,1 anos. Já em 2011, um homem de 40 anos teria mais 35,3 anos, enquanto a mulher da mesma idade teria mais 40,2 anos. Aos 60 anos, um homem teria, em 2010, mais 19,3 anos, e a mulher, mais 22,6 anos; em 2011, a esperança média de vida do homem de 60 anos seria de mais 19,5 anos e a da mulher, mais 22,8 anos".

28. Dados mais detalhados sobre esse tema podem ser encontrados no domínio do IBGE: <ftp://ftp.ibge.gov.br/Tabuas_Completas_de_Mortalidade/Tabuas_Completas_de_Mortalidade_2014/notastecnicas.pdf>. Acesso em: 25 de maio de 2017.

A longevidade que nos caracteriza solicita que iniciemos, o mais rápido possível, o projeto de aprender a amar, a fim de que sejamos mais autônomos, sem dependências emocionais de terceiros, e que sejamos mais amorosos quanto antes, e assim amemos por mais tempo, por muito tempo e melhor.

Vamos reverter o "até que a vida nos separe" em "por uma vida longa que mais nos une".

| Brasil: vida média das idades exatas (x), por sexo: 2010 e 2011 | | | | | | |
|---|---|---|---|---|---|---|
| Idade (x) | Vida média = ex + x | | | | | |
| | Ambos os sexos | | Homens | | Mulheres | |
| | 2010 | 2011 | 2010 | 2011 | 2010 | 2011 |
| 0 | 73,8 | 74,1 | 70,2 | 70,6 | 77,4 | 77,7 |
| 5 | 75,2 | 75,5 | 71,2 | 72,0 | 78,8 | 79,0 |
| 10 | 75,3 | 75,6 | 71,8 | 72,1 | 78,9 | 79,1 |
| 15 | 75,4 | 75,7 | 71,9 | 72,2 | 79,0 | 79,2 |
| 20 | 75,8 | 76,0 | 72,5 | 72,7 | 79,1 | 79,3 |
| 25 | 76,2 | 76,5 | 73,2 | 73,4 | 79,3 | 79,5 |
| 30 | 76,7 | 76,9 | 73,8 | 74,1 | 79,5 | 79,7 |
| 35 | 77,1 | 77,3 | 74,5 | 74,7 | 79,8 | 79,9 |
| 40 | 77,6 | 77,8 | 75,1 | 75,3 | 80,1 | 80,2 |
| 45 | 78,2 | 78,4 | 75,9 | 76,1 | 80,5 | 80,6 |
| 50 | 79,0 | 79,1 | 76,8 | 77,0 | 81,0 | 81,2 |
| 55 | 79,9 | 80,1 | 78,0 | 78,1 | 81,7 | 81,9 |
| 60 | 81,1 | 81,2 | 79,3 | 79,5 | 82,6 | 82,8 |
| 65 | 82,4 | 82,5 | 80,9 | 81,1 | 83,7 | 83,8 |
| 70 | 84,1 | 84,2 | 82,9 | 83,0 | 85,1 | 85,2 |
| 75 | 86,1 | 86,2 | 85,2 | 85,3 | 86,9 | 87,0 |
| 80 | 88,6 | 88,7 | 88,0 | 88,0 | 89,1 | 89,2 |

Fonte: Tábuas Construídas e Projetadas.

### 3.3.5 Um esforço de síntese: a visão dos Espíritos

Em sua obra *Conflitos existenciais* (Franco, 2005a), a veneranda Joanna de Ângelis possui um capítulo intitulado "Amor", no qual traça sua visão privilegiada sobre a origem, desenvolvimento e consequências do amor. No momento em que concluímos a parte que trata das relações conjugais (ou não), permitimo-nos relembrar esse texto e usá-lo aqui como fio condutor.

A mentora escreve que "o amor é de essência divina, porque nasce na excelsa paternidade de Deus" (p. 213). Sendo assim, trazemos o amor em potencial no nosso *DNA espiritual*. Na nossa herança está o registro desse sentimento maior, esperando a hora de romper as cascas que o mantém, permitindo que surja para guiar-nos na grande trajetória em direção à felicidade.

Ao iniciarmos a grande viagem, o nosso amor é responsável pela aglutinação das partículas elementares que se vão tornando sistemas mais complexos, submissos à dobra do tempo. É o amor em processo que inspira os instintos das formas iniciais. O sentimento de carícia se inaugura na fera que lambe a cria enquanto a protege. O instinto que orienta é o mesmo que nos diz quanto a vida nos é cara e por isso nos ensina a autopreservação que, ao longo do tempo, oferece-nos a difícil vivência da posse (do meu) e da agressão (antes você do que eu). Esse é o egocentrismo da infância emocional de nossas almas.

O passo seguinte é o ensaio dos primeiros movimentos do sentimento do amor, que se misturam, certamente, com instintos, especialmente aqueles ligados ao gozo, ao prazer, à reprodução física, visto que esse era o canal sensório que marcava essa época de nossa história comum.

"Em cada etapa da evolução do ser, o amor experiencia manifestações pertinentes ao próprio processo" (p. 216)... Não há que se querer angelitude quando ainda somos náufragos ao sabor do mar violento das paixões, mas aí também há um tipo de amor. Nessa infância emocional, o homem do amor incipiente aprende os caminhos mais fáceis da fuga emocional a fim de evitar os necessários sofrimentos que, inevitavelmente, ocorrem no caminho do aperfeiçoamento emocional. Ainda nessa fase, "o ser imaturo deseja receber sem dar, ou, quando oferece, espera retribuição imediata, compensadora e fácil" (p. 217). Constrói-se, o mais das vezes, utilizando-se do caminho da negociação das emoções, trocando amor por poder, por dinheiro, por patrimônio, por estabilidades diversas, por promessas que não pode cumprir no mundo real. Ou também, no exercício íntimo da família, engana-se, tomando a retribuição – que exige – por amor – que não soube dar nem merecer.

Quando os pais exigem ser amados por seus filhos, lembrando sempre que se sacrificaram por eles ao longo de suas vidas a fim de que eles alcançassem a "felicidade", não estão solicitando amor, mas retribuição obrigatória por algo que fizeram voluntariamente no exercício da paternidade responsável. Plantaram favores, regaram com renúncia e desejaram colher amor.

Isso certamente se origina quando os parceiros se elegem a partir do jogo mais ou menos explícito do interesse: dois solitários que buscavam compensação. Não há aí construção coletiva de amor, porque ambos solicitam receber na relação o que não podem ofertar como indivíduos. Daí dizer-se que, "normalmente, as pessoas atormentadas pensam que poderão ser felizes quando amadas, sem a preocupação de serem aquelas que amam" (p. 221).

Em geral, os que solicitam do(a) parceiro(a) a emoção de que necessitam para se completarem – e o(a) parceiro(a) não a possui para entregar, visto que também a busca na mesma rotina – são aqueles que se tornam insaciáveis no sexo de novidades, inclusive com parceiros(as) sempre novos, numa busca, até a exaustão do corpo, daquilo que está reservado à **emoção saciada** pela troca nos patamares da confiança e da fidelidade.

Os **relacionamentos afetivos maduros** têm sua origem no indivíduo. Logo, nascem do autoamor e do autorrespeito que se estruturam para, crescendo cada vez mais, ser oferecidos àquele(a) que se escolheu como parceiro(a) na jornada que solicitará coragem e persistência no enfrentamento das lutas que advirão.

Se quisermos buscar a imagem das duas partes que se encontram, devemos crer que são duas partes autônomas, caracterizadas por suas individualidades, portadoras de virtudes e de pontos a serem superados, que se completam no sentido de serem juntos mais que a soma das duas partes: serem parceiros atentos ao contrato tácito de ajuda e respeito mútuos, carinho e gentileza, cuidado e diálogo, sexo e fidelidade.

Na "polimorfia das apresentações do amor" (p. 224), todas as suas variadas formas em que cada qual estagia e experimenta são passíveis de permitir ao ser humano projetar-se na direção da essencialidade do amor que um dia será nossa realidade.

Da forma da sexualidade, alça-se às paragens da compreensão, que se transmuda em amizade, que gera admiração, que faculta companheirismo, que inaugura a etapa primeira do amor.

Da forma da afetividade, inicia a permissão de conhecer o outro e deixar-se conhecer por ele, identificando, na relação construída lentamente, as características de cada qual, que são aceitas naturalmente, considerando a origem da relação. As máscaras são desnecessárias porque não há temor. O encontro sexual, delicado e construído no estrado do carinho, desdobra no corpo as energias e hormônios emocionais, o reflexo das trocas energéticas do campo sensível do sentimento.

Onde estiver o ser humano, no vasto campo das formas de amor, quando se decidir pela felicidade, traçará a trajetória rumo ao que se dispõe, envidando os esforços que tal decisão solicita, visto que o prêmio do esforço é a paz perene.

Descoberto o amor individual e seu poder de transformação e impulso, será este o "dote" que cada qual ofertará ao futuro parceiro, no exercício saudável da construção familiar.

Apesar disso, o cumprimento dessas condições não garante o sucesso da empreitada conjugal. Considerando-se o direito à felicidade, é possível que não logrem os melhores resultados e resolvam pela decisão de separar-se. Tomados pelo autoamor que se ofertaram mutuamente, patrocinarão uma separação harmoniosa e ética – sem ter do que se envergonhar –, para que, portadores do sentimento de gratidão ao ex-parceiro(a) e sem culpas e mágoas, capacitem-se para novos tentames familiares, se esse for seu desejo.

# 4

# UMA CONCLUSÃO VOLTADA PARA O FUTURO

*Eis por que é necessário aprender-se a amar, porquanto o amor também se aprende, aprimorando-se incessantemente.*

Joanna de Ângelis (2003, p. 29)

Iniciamos nosso trabalho com uma frase de Joanna de Ângelis, na qual ela informa que reduzido número de pessoas se prepara de maneira adequada para o exercício de formação e manutenção da família como a entendemos na visão espírita. Ao longo deste trabalho – que demonstrou a existência de famílias originais espirituais e famílias físicas de aprendizagem, elencou perfis dos elementos formadores dos diversos arranjos familiares, apontou os arranjos familiares contemporâneos mais comuns e desvelou o matrimônio sob a ótica de três dimensões –, buscamos enfatizar a ideia de que "o amor também se aprende".

Como primeira conclusão, pode-se inferir que cada qual estará em uma posição individual no longo eixo sobre o qual transitamos desde os pródromos do amor mais incipiente até os píncaros do amor em plenitude que um dia todos alcançaremos.

A segunda conclusão é que o presente é o palco de luta entre o amor inicial, que se conhece, e o amor por construir, que virá com o futuro.

Neste ponto, lembramos Giannetti (2005), em *O valor do amanhã*, que busca comparar as decisões que tomamos amparados pela visão estreita e limitada do presente ou pela visão de futuro. Quando decidimos pelo presente, pagamos a desconsideração com o futuro; assim como, quando escolhemos o futuro como etapa de colheita, temos que sacrificar algo no presente.

Apostar no futuro, esperar pelo futuro que se constrói, deixar de lado o hoje para elaborar o futuro, só é possível quando temos alguma gratificação nesse futuro desenhado. É a taxa de gratificação de futuro, ou a chamada gratificação postergada, que explica o dilema: menos agora ou mais depois? (GIANNETTI, 2005, p. 90.)

Refletindo sobre a necessidade de considerar o valor do amanhã nas decisões, Giannetti (2005) diz que Aristóteles, em *A política*, anotou o fato de que "os meninos que venciam provas olímpicas nas competições infantis quase nunca se tornavam grandes campeões na idade adulta" (p. 103), demonstrando quanto o excesso prematuro pode comprometer o futuro.

Ao chamar atenção para o fato de que a "maturidade ocupa, no arco da vida, uma posição equidistante entre a juventude e a velhice" (p. 102), sendo ela o equilíbrio das duas forças ou tensões, indica três principais mudanças juvenis no eixo do tempo:

> a) Uma perspectiva menos assimétrica de passado e futuro, e consciência mais definida de finitude.
>
> b) Uma antevisão menos irrealista ou sonhadora do que a vida reserva.
>
> c) Uma maior capacidade de articular e integrar na mente os diferentes momentos e etapas da vida em vez de encará-los como simples sucessão de situações isoladas e desconexas. Ligados a essas mudanças, dois outros fatores parecem influenciar a formação de preferências temporais na idade adulta:

- O abrandamento da impulsividade (especialmente masculina) causado pela estabilização hormonal na virada dos vinte para os trinta anos de idade.
- Os compromissos materiais e afetivos decorrentes da paternidade/maternidade. (GIANNETTI, 2005, p. 101-102.)

Há, pois, com a maturidade uma relativização do forte clamor do presente e uma proteção ao futuro.

Em determinado ponto da obra, Giannetti (2005) também retoma a discussão sobre a longevidade e a possibilidade ou, mais do que isso, a ampliação das oportunidades de fazer escolhas em prol da felicidade duradoura. Ele afirma que:

> Um fato em particular – o aumento expressivo da esperança de vida ao nascer – cobra atenção e cuidados especiais. Tanto para o indivíduo como coletivamente, as implicações da diferença entre viver quarenta e viver oitenta anos em média são profundas e difíceis de ser avaliadas na totalidade de suas ramificações. **O que parece claro, porém, é que viver por mais tempo demanda uma preparação adequada a essa realidade – um repensar de valores e formas de vida e um conjunto de providências práticas que dizem respeito à maturidade e à velhice, mas deveriam se fazer presentes desde as etapas formativas da infância e juventude**. (GIANNETTI, 2005, p. 134, grifos nossos.)

Se viver mais algumas décadas acarreta toda essa reorganização de vida que propõe Giannetti, o que dizer desta lógica aplicada à certeza de que somos imortais e que viveremos para além da morte?[29] O autor conclui que:

---

29. Este tema também é tratado por Giannetti na obra em referência e, por respeito ao objetivo deste item, deixamos de tratar visto que merece maior profundidade.

Alvaro Chrispino

O ponto central é que a maior longevidade precisa vir acompanhada de uma ampliação compatível no horizonte de tempo relevante para as nossas escolhas intertemporais. Uma vida mais longa cobra maior atenção às necessidades *materiais* e *espirituais* de cada etapa do percurso. Ela confere redobrada importância à esfera das escolhas intertemporais e ela aumenta o potencial de conflito entre nossos interesses de curto e longo prazo, isto é, entre o ótimo local (aqui e agora) e o ótimo global (o arco da vida como um todo). (GIANNETTI, 2005, p. 135, grifos no original.)

Ora, se falamos de conhecimento com o poder de projetar nossos melhores ganhos, podemos facilmente identificar não só o conhecimento espírita, mas também a forma de ver o mundo apresentada pela Doutrina Espírita como potenciais indutores de antevisão de futuro, objetivando a decisão.

Não se trata de desconsiderar o presente para aspirar a um futuro mágico, como rota de fuga das dores nossas de cada dia. O presente é inarredável porque é ele que nos acompanhou desde antes, acompanha-nos hoje e o fará em todo o amanhã. Afinal, no passado vivemos o exercício do presente (à época), e no futuro estaremos também vivendo o presente. O presente é, pois, o porto seguro de nossas vidas, a nos acompanhar no deslocamento no eixo do tempo, no movimento chamado progresso, manifestação da Lei Divina a nosso favor.

É no melhor entendimento do presente – inclusive com as consequências boas e más do passado que colhemos atualmente – que nos capacitamos para construir um futuro de qualidade.

Essa posição em favor da aprendizagem para o amor e para o amar, que considera o outro como parceiro, sexual ou não, é, em certa medida, o contraponto, necessário e urgente para aquilo de Zygmunt Bauman (2004) chamou de *amor líquido*, característico do que também batizou de mundo líquido, por conta da fluidez e da volatilidade das relações e dos vínculos. O desenho de Bauman pode representar uma tendência que precisa ser revertida pelo estabelecimento de sentido e de significado para a vida atual, por meio de processo permanente e contínuo de aprendizagem do amor e do amar.

André Comte-Sponville, em sua obra *O amor* (2011, p. 20-24), apresenta-nos interessante reflexão sobre o amor as etapas possíveis, do amor mais rudimentar ao amor como virtude. O autor aponta três níveis possíveis para aprender-se a amar, que sintetizamos a seguir:

1. **Nível da virtude – amar e dar amor** é simples e fácil quando se tem amor no coração, mas não somos aprimorados na emoção a esse ponto. Logo, esse não é o nosso espaço comum.

2. **Nível da moral** – para os que não são capazes de amar, a alternativa é agirmos *como se* amássemos! **É o amor em movimento na ausência do amor!** A generosidade é a virtude da doação e é uma manifestação do amor. Quando ofertamos por amor, não é generosidade, é amor. Quando presenteamos nossos filhos no Natal não dizemos: "Como sou generoso", dizemos: "Como eu os amo!". A virtude está em ofertar a quem não amo! A isso chamamos de moral: fazer o que devemos fazer! A moral é a aparência do amor!

3. **Nível do respeito** – o melhor é amar. Se não conseguir, seja generoso. Se isso ainda estiver longe, seja polido. Respeite o direito do outro. A gratidão é uma virtude moral, mas se não é capaz de sentir gratidão, aprenda a dizer muito obrigado. A polidez e o direito são a aparência da moral.

Pela proposta do autor, ninguém precisa se desesperar porque não consegue amar plenamente, por não possuir a grande virtude do amor. Se ainda não consegue amar plenamente, *faça de conta que ama*. A isso ele chama de moral – a aparência do amor. Exercite isso até que se torne espontâneo. Se você ainda não é capaz sequer de *fazer de conta que ama*, não há problema. Exercite o respeito ao outro, a polidez para com o outro, a educação no trato com outro. Diz o autor que o direito e a polidez são a aparência da moral. Eis uma boa sequência de aprendizagem do amor.

Certamente por isso a benfeitora nos concita a nos educarmos para o exercício da família e nos diz que **amar se aprende,** em níveis diferentes, de acordo com a maturidade espiritual de cada qual.

Se conseguirmos identificar o sentido (direção) e significado (valor) de nossa existência, certamente relativizaremos o "canto da sereia" do presente de ações sem aprendizagem emocional, para optarmos por um caminho de aprendizagem que, respeitando nossos limites e possibilidades, permitir-nos-á aportar no futuro em um estado emocional que nos faculte um pouco de paz e felicidade.

**Aprender a amar** pede decisão (por aprender a amar) e pede esforço (abandonando um tipo de amor para abraçar outro).

**Aprender a amar** não é um processo linear e constante. Ele se dá com idas e vindas, com paradas (falta de preparo da musculatura emocional) e atalhos (rotas de fugas fantasiosas e sem saída) que são próprios do exercício de aprender.

**Aprender a amar** não é um processo que resulta de uma conversão mágica, mas sim de um convencimento, no qual convicções, práticas e hábitos vão ficando lentamente para trás, enquanto a busca pelo amor novo vai descortinando novos espaços e alimentando com energias novas o humano que somos rumo ao que queremos ser.

**Aprender a amar** se manifesta pelo suor e vontade para arar a terra do próprio coração e nela semear novas sementes – diferenciadas pelo entendimento do que se quer colher no futuro de forma mais permanente –, mesmo que ainda não dominemos plenamente novas técnicas e precisemos lançar mão daquilo que temos e entendemos como amor. As sementes do novo amor são lançadas para frente, enquanto estamos mesmo apoiados nos espaços e com os pés fincados no conceito de amor que nos convencemos querer superar.

**Aprender a amar** é a esperança espargindo sobre as dores e as experiências ruins de antes.

**Aprender a amar** é confiar na Vida, em Deus e em si mesmo.

**Aprender a amar** culmina com o "amar a Deus sobre todas as coisas" e ao "próximo como a si mesmo", mas começa sempre com o autoamor, estendendo-se ao autoperdão.

Esse exercício nos fará ganhar o mundo de paz, mas começa em nós... Que comece hoje.

# REFERÊNCIAS

ABDO, Carmita. *Descobrimento sexual do Brasil: para curiosos e estudiosos.* 1. ed. São Paulo: Summus, 2004.

ABDO, Carmita. *Sexo pode ser menos mito e mais verdade.* 1. ed. São Paulo: Prestígio Editorial, 2006.

ARENT, Marion. *(In)fidelidade feminina: entre a fantasia e a realidade.* Psicologia Clínica, Rio de Janeiro, v. 21, n. 1, 2009. Disponível em: <http://dx.doi.org/10.1590/S0103-56652009000100011>.

BAUMAN, Zygmunt. *Amor líquido – sobre a fragilidade dos laços humanos.* 1. ed. Rio de Janeiro: Zahar, 2004.

BAZZO, Walter A. et al. *Introdução aos estudos CTS (Ciência, Tecnologia e Sociedade).* Madrid: OEI, 2003.

BECK, Ulrich. *Sociedade de risco – rumo a uma outra modernidade.* Tradução de Sebastião Nascimento. 1. ed. São Paulo: Editora 34, 2010.

BELTRÃO, K. I.; Camarano, A. A.; KANSO, S. *Dinâmica populacional brasileira na virada do século XX.* Rio de Janeiro: IPEA, agosto de 2004, texto para discussão n. 1034.

*Comentário Bíblico Broadman, Lucas vol. 9.* Rio de Janeiro: Junta de Educação Religiosa e Publicações, 1987, p. 95-96.

*Comentário Bíblico Broadman, Marcos vol. 8*, Rio de Janeiro: Junta de Educação religiosa e Publicações, 1986, p. 360-361.

*Comentário Bíblico Broadman, Marcos vol. 8*, Rio de Janeiro: Junta de Educação religiosa e publicações, 1986, p. 360-361.

BRUSCHINI, Maria Cristina A.; RICOLDI, Arlene M. *Revendo estereótipos: o papel dos homens no trabalho doméstico*. Rev. Estud. Fem., Florianópolis, v. 20, n. 1, abr. 2012. Disponível em: <http://dx.doi.org/10.1590/S0104-026X2012000100014>.

CARVALHO, Antonio Cesar Perri de (Org.). *Laços de família*. 6. ed. São Paulo: Edições USE, 2006.

CASTELLS, Manuel. *A sociedade em rede*. 10. ed. São Paulo: Paz e Terra, 2007.

CHRISPINO, Alvaro. *Família, juventude e educação: uma visão espírita*. 1. ed. Santo André: EBM Editora, 2013.

COMTE-SPONVILE, André. *O amor*. São Paulo: Editora Martins Fontes, 2011.

DAMASCENO, Natanael; SCHMIDT, Selma. *A força das mulheres da cidade*. O Globo, 17/06/2013, p. 7.

BARROS, Aramis C. de. *Doze homens, uma missão – um perfil bíblico-histórico dos doze discípulos de Cristo*. 1. ed. Curitiba: Editora Luz e Vida, 1999, p.167.

DINIZ, Maria Helena. *União homossexual: o preconceito e a Justiça*. 1. ed. Porto Alegre: Livraria do Advogado, 2000.

DINIZ, Maria Helena. *Curso de direito civil brasileiro: direito de família*. 17. ed. São Paulo: Saraiva, 2002, v. 5.

DOLTO, Françoise. *Quando os pais se separam*. Tradução de Vera Ribeiro. Rio de Janeiro: Zahar, 2011.

ECHEVERRÍA, Javier. *Teletecnologías, espacios de interacción y valores*. Teorema vol. XVII/3. Filosofía de la Tecnología, edición eletrónica agosto 2000.

FERRY, Luc. *Vencer os medos: a filosofia como amor à sabedoria*. 1. ed. São Paulo: WMF Martins Fontes, 2008.

FRANCO, Divaldo Pereira [por diversos Espíritos]. *Antologia espiritual*. 1. ed. Salvador: LEAL, 1993.

FRANCO, Divaldo Pereira; ÂNGELIS, Joanna de [Espírito]. *Amor, imbatível amor*. 15. ed. 1. reimp. Salvador: LEAL, 2010.

FRANCO, Divaldo Pereira; ÂNGELIS, Joanna de [Espírito]. *Após a tempestade*. 1. ed. Salvador: LEAL, 1974a.

FRANCO, Divaldo Pereira; ÂNGELIS, Joanna de [Espírito]. *Atitudes renovadas*. 1. ed. Salvador: LEAL, 2009.

FRANCO, Divaldo Pereira; ÂNGELIS, Joanna de [Espírito]. *Celeiro de bênçãos*. 1. ed. Salvador: LEAL, 1974.

FRANCO, Divaldo Pereira; ÂNGELIS, Joanna de [Espírito]. *Conflitos existenciais*. 1. ed. Salvador: LEAL, 2005a.

FRANCO, Divaldo Pereira; ÂNGELIS, Joanna de [Espírito]. *Constelação familiar*. 1. ed. Salvador: LEAL, 2008.

FRANCO, Divaldo Pereira; ÂNGELIS, Joanna de [Espírito]. *Encontro com a paz e a saúde*. 1. ed. Salvador: LEAL, 2007.

FRANCO, Divaldo Pereira; ÂNGELIS, Joanna de [Espírito]. *Estudos espíritas*. 1. ed. Rio de Janeiro: FEB, 1982.

FRANCO, Divaldo Pereira; ÂNGELIS, Joanna de [Espírito]. *Garimpo de amor*. 1. ed. Salvador: LEAL, 2003.

FRANCO, Divaldo Pereira; ÂNGELIS, Joanna de [Espírito]. *Iluminação interior*. 1. ed. Salvador: LEAL, 2006.

FRANCO, Divaldo. ÂNGELIS, Joanna de (Espírito). *Jesus e o Evangelho à luz da Psicologia profunda*. Salvador: LEAL, 2000a.

FRANCO, Divaldo Pereira; ÂNGELIS, Joanna de [Espírito]. *Libertação pelo amor*. 1. ed. Salvador: LEAL, 2005.

FRANCO, Divaldo Pereira; ÂNGELIS, Joanna de [Espírito]. *O despertar do Espírito*. 1. ed. Salvador: LEAL, 2000.

FRANCO, Divaldo Pereira; ÂNGELIS, Joanna de [Espírito]. *Plenitude*. 18. ed. Salvador: LEAL, 2012.

FRANCO, Divaldo Pereira; ÂNGELIS, Joanna de [Espírito].*O homem integral*. 1. ed. Salvador: LEAL, 1990.

FRANCO, Divaldo Pereira; MIRANDA, Manoel Philomeno de [Espírito]. *Loucura e obsessão*. 1. ed. Rio de Janeiro: FEB, 1990a.

FRANCO, Divaldo Pereira; MIRANDA, Manoel Philomeno de [Espírito].1. ed. *Sexo e obsessão*. Salvador: LEAL, 2002.

FRANCO, Divaldo; ÂNGELIS, Joanna de [Espírito]. *SOS família*. 18ª ed., Salvador: LEAL, 2016.

FRANCO, Divaldo. [por Espíritos diversos]. *Sol de esperança*. Salvador: LEAL, 1978.

GERSTEL, Naomi R. Família [verbete]. In: OUTHWAITE, William; BOTTOMORE, Tom (Edit.). *Dicionário do pensamento social do Século XX*. Rio de Janeiro: Zahar, 1996.

GIANNETTI, Eduardo. *O valor do amanhã: ensaio sobre a natureza dos juros*. 1. ed. São Paulo: Companhia das Letras, 2005.

IBGE. Estudos e pesquisas: informação demográfica e socioeconômica número 23. In: *Síntese de indicadores sociais: uma análise das condições de vida da população brasileira.* Rio de Janeiro: IBGE, 2008.

IBGE. Estudos e pesquisas: informação demográfica e socioeconômica número 20. In: *Síntese de indicadores sociais: uma análise das condições de vida da população brasileira.* Rio de Janeiro: IBGE, 2010.

IBGE. Estudos e pesquisas: informação demográfica e socioeconômica número 20. In: *Síntese de indicadores sociais: uma análise das condições de vida da população brasileira.* Rio de Janeiro: IBGE, 2012.

JABLONSKI, Bernardo. *Até que a vida nos separe – a crise do casamento contemporâneo.* 1. ed. Rio de Janeiro: Agir, 1991.

KARDEC, Allan. *O Evangelho segundo o Espiritismo.* Tradução de Guillon Ribeiro. 4. ed. Edição Especial. Rio de Janeiro: FEB, 2008.

KARDEC, Allan. *O Livro dos Espíritos.* Tradução de Guillon Ribeiro. 93. ed. 1. imp. Edição Histórica. Brasília: FEB, 2013.

KASLOW, Florence W.; SCHWARTZ, Lita L. *As dinâmicas do divórcio – uma perspectiva do ciclo vital.* 1. ed. Campinas: Editorial Psy, 1995.

MYERS, David G. *Psicologia social.* 6. ed. Rio e Janeiro: LTC, 2000.

NERI, Marcelo. *A nova classe média – o lado brilhante da base da pirâmide.* 1. ed. São Paulo: Saraiva, 2011.

NERI, Marcelo. *Sexo, casamento e solidão.* Revista Conjuntura Econômica: FGV, vol. 59, n. 6. jun. 2005.

NOVAES, Regina. Juventude, percepções e comportamentos: a religião faz diferença? In: ABRAMO, Helena W.; BRANCO, Pedro P. M. (Orgs.) *Retratos da juventude brasileira: análises de uma pesquisa nacional.* 1. ed. São Paulo: Editora Fundação Perseu Abramo, 2008.

NOVAES, Regina R.; MELLO, Cecília C. *Jovens do Rio: circuitos, crenças e acessos.* Rio de Janeiro: ISER, Comunicações do ISER, n. 57, ano 21, 2002.

PASTORINO. *Sabedoria do Evangelho*, vol. 8, p.153-154.

PEIXOTO, Clarice Ehlers. Prefácio. In: SINGLY, François de. *Sociologia da família contemporânea.* Tradução de Clarice Ehlers Peixoto. 1. ed. Rio de Janeiro: Editora FGV, 2007.

PEREIRA, Rodrigo da Cunha et al. Pai, por que me abandonaste? In: PEREIRA, Tânia da Silva (Org.). *O melhor interesse da criança: um debate interdisciplinar.* 1. ed. Rio de Janeiro: Renovar, 1999, v. 1, p. 575-586.

POHL, Adolf. *Evangelho de Marcos – Comentário Esperança.* 1. ed. Curitiba: Editora Esperança, 1998, p.145-148.

RIENECKER, Fritz. *Evangelho de Lucas – Comentário Esperança.* 1. ed. Curitiba: Editora Esperança, 2005, p.195.

RIENECKER, Fritz. *Evangelho de Mateus – Comentário Esperança.* 1. ed. Curitiba: Editoras Esperança, 1998, p.212-213.

RIOS, José Arthur. Família [verbete]. In SILVA, Benedicto (Coord.). *Dicionário de Ciências Sociais.* Rio de Janeiro: Fundação Getúlio Vargas e MEC, 1986.

SINGLY, François de. *Sociologia da família contemporânea.* Tradução Clarice Ehlers Peixoto. 1. ed. Rio de Janeiro: Editora FGV, 2007.

TASKER, R.V.G. *Mateus – Introdução e Comentário*. 1. ed. 5. reimp. São Paulo: Edições Vida Nova, 2005, p.106-107.

TAYLOR, Jim; WACKER, Watts. *Delta 500 anos – o que acontece depois do que vem a seguir*. 1. ed. Rio de Janeiro: Campus, 1999.

THERBORN, Göran. *Sexo e poder: a família no mundo, 1900-2000*. Tradução de Elisabete Dória Bliac. 2. ed. São Paulo: Contexto, 2011.

TURKENICZ, Abraham. *Organizações familiares: contextualização histórica da família ocidental*. 1. ed. Curitiba: Juruá Editora, 2012.

XAVIER, Francisco Cândido; LUIZ, André [Espírito]. *Os mensageiros*. 38. ed. Rio de Janeiro: FEB, 2002.

XAVIER, Francisco Cândido [pelo Espírito Irmão X]. *Contos e apólogos*. 3. ed. Rio de Janeiro: FEB, 1974.

Anotações

# Anotações

# Anotações

# Anotações

Anotações